D1734093

Kościoły na Warmii, Mazurach i Powiślu

Kirchen in Ermland, Masuren und Weichselgebiet

Churches in Warmia, Mazury and Powiśle

Wydawnictwo „Offer" Olsztyn

Tekst: ANDRZEJ RZEMPOŁUCH
Zdjęcia: WACŁAW KAPUSTO

Opracowanie graficzne: Maria Karmowska
Przekład w jęz. niem.: Krystyna Binek, w jęz. ang.: Andrzej Dramiński
Redaktor: Jolanta Śmielska-Koszczuk

Na I str. okł. katedra we Fromborku, na IV str. okł. katedra w Olsztynie

Przed prawie 750 laty pojawiło się na Ziemi Warmińskiej chrześcijaństwo. Stopniowo rodziła się wiara w Chrystusa w ludzkich sercach, stopniowo powstawała katolicka tradycja, stopniowo wznoszono tu kościoły — miejsca modlitwy i mieszkania Eucharystycznego Boga.

Powstające wówczas kościoły miały swój niewątpliwy wyraz: epoki, stylu, wiary ówczesnego człowieka. Skoro był to czas gotyku — budowla kościoła wyrażała, przez swój wertykalizm, tęsknotę człowieka za Bogiem. Skoro był to renesans — podkreślały Domy Boże ład, piękno, harmonię i pokój, jaki można znaleźć tylko u Stwórcy. Skoro był to barok — widzimy poprzez gmach kościoła Bożą potęgę i moc, siłę i wręcz niewyrażalną wspaniałość.

Zawsze zawarta była w budowli kościoła głęboka myśl, płynąca z wiary mieszkającego na tej Ziemi człowieka, który poznał i uwierzył Chrystusowej miłości. I to jest najcenniejsze, co można dzisiaj odczytać, patrząc i modląc się w tych pięknych świątyniach Diecezji Warmińskiej.

Życzę, by spotkanie z tym Albumem, przedstawiającym ważniejsze, zabytkowe świątynie Warmii, Mazur i Powiśla, natchnęło Czytelnika nie tylko pragnieniem poznania ich, zwiedzenia, ale także pobudziło do głębszej refleksji na temat wiary i tego miejsca, w którym Bóg spotyka się z człowiekiem, a człowiek z Bogiem. Bo takim właśnie miejscem był i jest Dom Boży — kościół.

Z serca Czytelnikom tej pracy błogosławię —

BISKUP WARMIŃSKI

Vor fast 750 Jahren trat in Ermland das Christentum auf. Allmählich zog in die Herzen der Menschen der Glaube an Christus ein, allmählich entstand die katholische Tradition, allmählich errichtete man hier Kirchen — die Gebet — und Wohnstätte des Eucharistischen Gottes.

Die dazumal entstehenden Kirchen hatten zweifellos ihren Ausdruck: der Epoche, des Stils, des Glaubens des in jener Zeit lebenden Menschen. Wenn es die Zeit der Gotik war — drückte das Kirchenbauwerk, durch seine emporstrebende Form, die Sehnsucht des Menschen nach Gott aus. Zur Zeit der Renaissance — unterstrichen die Gotteshäuser Ordnung, Gefühl für Schönheit, Harmonie und Frieden, den man nur beim Schöpfer finden kann. War es die Zeit des Barocks — veranschaulichte das Bauwerk der Kirche Gottes Macht und Kraft und geradezu unaussprechliche Herrlichkeit.

Immer war im Bauwerk der Kirche ein tiefer Sinn enthalten, der aus dem Glauben des auf dieser Erde lebenden Menschen hervorgeht, der die Liebe Christi erkannt und ihr Glauben geschenkt hat. Und das ist das Wertvollste, was man heute hier ablesen kann, wenn man auf diese schönen Heiligtümer der Ermländischen Diözese schaut und in ihnen betet.

Ich wünsche, dass die Bekanntschaft mit diesem Album, das die wichtigsten, sehenswerten Heiligtümer Ermlands, Masurens und des Weichselgebietes vorstellt, den Leser nicht nur dazu anregt, dieselben kennenlernen und besichtigen zu wollen, sondern auch ein tiefes Nachdenken erweckt zum Thema Glaube und Stätte, in der Gott sich mit dem Menschen und der Mensch sich mit Gott begegnen. Denn so eine Stätte war und ist das Gotteshaus — die Kirche.

Von Herzen segne ich die Leser dieser Arbeit —
Bischof von Ermland

3

Nearly 750 years ago Christianity arrived at the Warmia Land. Gradually the faith in Christ in human beings' hearts was born, gradually the Roman catholic tradition was formed, step by step churches were erected here — the places of prayers and Eucharistic God's home.

The churches which were erected at that time had undoubtedly an expression of epoch, style, faith of the then man. As it was time of Gothic — the building of church expressed, by its verticalism, man's longing for God, as it was time of Renaissance God's homes emphasized order, beauty, harmony and peace, what can be found only in God. As it was time of Baroque — we see in edifice of church God's might and strength and power and simply inexpressible magnificence.

The building of church always contained profound thought, which flowed from the faith of living on this Earth man, who recognized Christ's love. And this is most valuable, what can be read today, when we look and pray in those beautiful sanctuaries of the Warmia Diocese.

I wish the reader who studies this album, describing significant, monumental sanctuaries of Warmia, Mazury and Powiśle, inspiration not only of learning, visiting them, but inspire all of you to deeper reflection on the faith and that place, where God meets a man, and a man meets God. Because just such a place was and is God's home — a church.

I bless whole-heartedly readers of this work —

Bishop of Warmia

Niełatwo przedstawić w kilku zdaniach skomplikowane dzieje, stosunki ludnościowe i wyznaniowe, jakie złożyły się na specyfikę ziem nazywanych przez nas Warmią, Mazurami i Powiślem. Obszar ten pokrywa się obecnie z zasięgiem diecezji warmińskiej. Do XVI w. Powiśle należało do biskupstwa pomezańskiego, które wygasło ostatecznie w 1587 r. Na podział polityczny tej krainy, będący wynikiem wojny trzynastoletniej (1454—1466), po sekularyzacji Zakonu Krzyżackiego w Prusach (1525) nałożył się także podział wyznaniowy: Warmia i część Powiśla należąca do Prus Królewskich (starostwa malborskie i sztumskie) pozostały katolickie, natomiast na Mazurach i w tej części Powiśla, która dostała się pod panowanie książąt w Prusach (Kwidzyn i Prabuty), zapanowała religia władców — protestantyzm. Elbląg stale podlegał kościelnej jurysdykcji biskupów warmińskich, jednakże już w XVI w. utworzyła się w nim silna gmina luterańska. Diaspora katolicka na Mazurach, usankcjonowana prawnie na początku XVII w. (Święta Lipka), rozwinęła się szczególnie w drugiej połowie XIX w. Z kolei na Warmii, za rządów biskupów całkowicie katolickich, po zaborze przez państwo pruskie w 1772 r., powstała — przede wszystkim w miastach —

Es fällt nicht leicht, in wenigen Sätzen die komplizierte Geschichte, Bevölkerungsverhältnisse und konfessionellen Probleme darzustellen, die über die Eigenart dieser Gebiete, die wir Ermland, Masuren und Weichselgebiet nennen, entschieden. Dies Gebiet deckt sich gegenwärtig mit dem Bereich der ermländischen Diözese. Bis zum 16.Jh. gehörte das Weichselgebiet zum pomesanischen Bistum, das im Jahre 1587 endgültig erlösche. Zur politischen Aufteilung, die das Ergebnis des 13 jährigen Krieges war (1454—1466), zusammen mit der Säkularisation des Kreuzritterordens in Preußen (1525) kam noch die konfessionelle Teilung: Ermland und der Teil des Weichselgebietes, der zum Königlichen Preußen gehörte (Starostei Marienburg und Stuhm) verblieben katholisch, dagegen Masuren und der Teil des Weichselgebietes, die unter die Herrschaft der Fürsten in Preußen gerieten (Marienwerder und Riesenburg) wurden vom Protestantismus beherrscht. Elbing unterlag ständig der kirchlichen Rechtsprechung durch die ermländischen Bischöfe, jedoch schon im 16.Jh. entstand eine starke lutherische Gemeinde. Die katholische Diaspora in Masuren, zu Beginn des 17.Jh. gesetzmäßig sanktioniert, (Heiligelinde) entwickelte sich besonders in der zweiten Hälfte

It is not easy to describe in a few sentences complicated history, national and religions relations, which formed specific character of lands called by us Warmia, Mazury and Powiśle. That area is equal the Warmia diocese nowadays. Until the 16th century Powiśle belonged to Pomezania bishopric, which finally endured in 1587. Political division, the result of Thirteen Years War (1454—1466), together with secularization of Teutonic Order in Prussia (1525) was combined religious division: Warmia and part of Powiśle belonging to Royal Prussia (Malbork and Sztum starosty) remained as catholic territory, whereas Mazury and that part of Powiśle which got under Dukes'rule in Prussia (Kwidzyn and Prabuty), prevailed rulers'religion — Protestantism. Elbląg was still under ecclesiastical jurisdiction of Warmia bishops, however strong Lutheran parish was formed already in the 16th century. Roman catholic diaspora on Mazury legally sanctioned at the beginning of the 17th century (Święta Lipka), was especially developed in the second half of the 19th century. On the other hand on Warmia, completely Roman Catholic under bishops rule, after Prussia took the part of Polish territory in 1772, was formed first of all in cities — quite fine dość gęsta sieć parafii ewangelickich, skupiających ludność napływową, w tym załogi silnych garnizonów.

Po drugiej wojnie światowej dotychczasowe proporcje odwróciły się, ponieważ na te ziemie masowo napłynęła ludność katolicka z Polski centralnej i repatrianci z ziem wschodnich, utraconych na rzecz ZSRR, zaś ludność niemiecką, w większości wyznania protestanckiego — wysiedlono. Jednak gdy się ogląda dawne kościoły protestanckie, zajęte po 1945 r. przez katolików, należy zwrócić uwagę na fakt, że niemal cała warstwa obrazowa w tych obiektach nadal związana jest z tamtym wyznaniem, a tylko zasadnicze akcenty organizacji wnętrza świątyń i przywiezione z ojcowizny przedmioty kultu, jednoznacznie określają obecnych właścicieli. Ten, tak powszechny w naszych kościołach szacunek dla dziejowej schedy dobrze świadczy o duchowieństwie i wiernych.

W kilku wypadkach (fary w Bartoszycach, Braniewie i Elblągu) tragiczne skutki i następstwa wojny odcisnęły się bezpośrednio na architekturze świątyń i znajdujących się w nich dziełach sztuki. Nie istnieją od 1945 r. zespoły staromiejskie Elbląga i Braniewa, Dobrego Miasta, Lidzbarka i Kwidzyna — by wymienić najwartościowsze. Mimo to spuścizna kulturowa i artystyczna tego regionu, tak różnorodna i bogata w treści, układa się ogólnie w reprezentatywną całość.

W 1993 r. diecezja warmińska święci piękny jubileusz 750-lecia istnienia. Jest to, obok walorów artystycznych, szczególna przyczyna niniejszego przybliżenia zagadnień sztuki kościelnej Warmii, Mazur i Powiśla.

des 19.Jh. Im, unter der Bischofsherrschaft völlig katholischen, Ermland entstand, nach Einverleibung durch den preußischen Staat 1772 — vor allem in Städten — ein ziemlich dichtes Netz evangelischer Kirchengemeinden, die die eingewanderte Bevölkerung zusammenschloßen, darunter Besatzungen starker Garnisonen.

Nach dem zweiten Weltkrieg änderten sich die bisherigen Verhältnisse, in diese Gebiete strömten massenhaft katholische Bevölkerung aus Zentralpolen und Rückkehrer aus östlichen an die Sowjetunion verlorenen Gebieten, die deutsche Bevölkerung dagegen wurde ausgesiedelt. Man sollte sich daran erinnern, wenn man die ehemaligen protestantischen Kirchen besichtigt, die nach 1945 von Katholiken eingerichtet wurden. Fast die ganze Bildschicht ist mit jener Konfession verbunden, nur grundlegende Akzente der Inneneinrichtung der Gotteshäuser und aus der alten Heimat mitgebrachte Kultgegenstände bestimmen eindeutig die gegenwärtigen Eigentümer. Die, in unseren Kirchen so allgemeine, Ehrfurcht für historische Hinterlassenschaften, ist ein gutes Zeugnis für unsere Geistlichkeit und Gläubigen.

In einigen Fällen (Pfarrkirchen in Bartenstein, Braunsberg und Elbing) haben sich die tragischen Folgen und Auswirkungen des Krieges direkt auf die Architektur der Gotteshäuser und die in ihnen befindlichen Kunstwerke abgedrückt. In Elbing und Braunsberg, in Guttstadt, Heilsberg und Marienwerder — um nur die wertvollsten zu nennen — giebt es die altstädtischen Baukomplexe nicht mehr. Trotzdem gestaltet sich das so unterschiedliche und inhaltlich so reiche Kultur — und Kunsterbe dieses Gebietes zu einem repräsentativen Ganzen.

1993 begeht die ermländische Diözese ihr 750 jähriges Jubiläum. Es ist dies — neben den künstlerischen Vorzügen — ein besonderer Grund, die Probleme der kirchlichen Kunst Ermlands, Masurens und des Weichselgebietes näher zu bringen.

net of Protestant parishes, assembling immigratoty population, including strong garrisons.

After the Second World War hither turned to existing proportions turned away because of Catholic population which in masses flowed from Central Poland, repatriated persons from Eastern territories, lost to the USSR advantage. The German population was displaced. It is necessary to remember that as one look at previous Protestant Churches, took over by catholics. Almost all paintings are connected with that religion and only principle features of interior of temples and objects of cult brought from patrimony unmistakably define present owners.

This, so common respect for historical inheritance, well testifies to the clergy and the faithful.

In some cases (the parish churches in Bartoszyce, Braniewo and Elbląg) the ravages of War and its results left the traces on architecture of temples and works of art one can find there. There are not old-town complexes of Elbląg, Braniewo, Dobre Miasto, Lidzbark, Kwidzyn — to mention the most important.

Nevertheless, cultural and artistic inheritance of that region so various and rich in substance, forms generally into a representative whole.

In 1993 Warmia Diocese will celebrate beautiful jubilee of 750-years anniversary. This is, besides artistic value, remarkable reason of the present drawing closer the issues of church art of Warmia. Mazury and Powiśle.

5

Kościół Św. Jakuba Większego w Olsztynie, od 1972 r. współkatedra warmińska, należy do największych i najpiękniejszych świątyń diecezji. Wybudowany został w ostatniej ćwierci XIV i na początku XV w. jako sześcioprzęsłowa hala bez wyodrębnionego prezbiterium, poprzedzona od południa (kościół nie jest orientowany) masywną czworoboczną wieżą, po której bokach usytuowane są podłużne — otwarte pełną szerokością do naw bocznych — kaplice. Sklepienia korpusu nawowego powstały dopiero w czwartej lub piątej dekadzie XVI w., natomiast budowę wieży ukończono w latach 1562—1596. W 1721 r. Piotr Olchowski z Reszla odbudował kaplice przywieżowe (w kaplicy wschodniej obok daty odbudowy umieszczono wówczas także datę domniemanego powstania kościoła — 1315, którą interpretuje się czasem jako przeinaczone 1375). Podczas gruntownej regotyzacji w latach 1866—1868, pod kierunkiem inspektora Nöringa, m. in. nadbudowano nieznacznie wieżę i zwieńczono ją nowym dachem z latarnią.

Przy katedrze znajduje się rezydencja biskupia.

Die St. Jakobskirche in Olsztyn (Allenstein), seit 1972 ermländische Mitkathedrale, zählt zu den größten und schönsten Gotteshäusern in der Diözese. Erbaut wurde dieselbe im letzten Viertel des 14.Jh. und zu Beginn des 15. als Halle mit sechs Jochen, ohne abgesondertem Presbyterium. Von Süden (die Kirche ist nicht orientiert) ein massiver, viereckiger Turm, an dessen Seiten längliche, zu den Seitenschiffen mit ganzer Breite geöffnete, Kapellen gestellt sind. Die Gewölbe der Kirchenschiffe: Netzgewölbe im Haupschiff und Zellengewölbe in den Seitenschiffen, entstanden erst in der vierten oder fünften Dekade des 16.Jh., dagegen wurde der Turmbau in den Jahren 1562—1596 beendet. Im Jahre 1721 baute Piotr Olchowski aus Rössel die Kapellen am Turm wieder auf (in der östlichen Kapelle wurde neben dem Datum des Wiederaufbaus auch das Datum des vermutlichen Entstehens der Kirche angebracht — 1315, dasselbe wird manchmal als verdrehtes ausgelegt — 1375). Während der gründlichen Arbeiten zur Wiederherstellung des gotischen Stils in den Jahren 1866—1868, unter Aufsicht von Inspektor Nöring, wurde u.a. der Turm etwas aufgestockt und mit neuem Dach mit Kuppellaterne bekrönt.

Neben der Kathedrale befindet sich die Bischofsresidenz.

The St. James the Greater church in Olsztyn, since 1972 co-cathedral is one of largest and most beautiful sanctuaries in diocese. Erected in the last quarter of the 14th century and the beginning of the 15th century as six-bay hall without separated presbytery, with massive quadrilateral tower from the south (the church is not orientated and side chaples equal their width to aisles. Vaults in naves: net one in the main nave and cristal one in aisles, were built not till in the 4th or 5th decade of the 16th century, whereas erection of the tower was finished in the years 1562—1596. Piotr Olchowski from Reszel rebuilt tower side chapels in 1721 (in eastern chapel beside the date of restoration one place at that time the date of supposed erection of the church — 1315, which is sometimes interpreted as to be transformed 1375). In the years 1866—1868 during radical re-Gothic reconstruction supervised by Noring, among others things slightly heightened the tower and crowned a new roof and lantern-light.

There is bishop's residence near the cathedral.

6

Wnętrze olsztyńskiej katedry, obszerne, lecz stosunkowo niskie i mroczne z powodu umieszczonych w oknach witraży, przykrywają sklepienia sieciowe w nawie głównej i kryształowe w nawach bocznych. Bogatszym i bardziej urozmaiconym rysunkiem wyróżniają się sklepienia w czwartym od północy przęśle, do którego wiodły bezpośrednie wejścia z zewnątrz (wschodnie obecnie zamurowane).

Wyposażenie jest w większości pseudogotyckie. Ołtarz główny wykonała norymberska firma Rottermunda, trzy ołtarze boczne i drewnianą emporę muzyczną — warsztat braci Augusta i Józefa Lorkowskich w Gietrzwałdzie. Do najcenniejszych zabytków należą: późnogotyckie tabernakulum ścienne (obok ołtarza głównego), chronione misternie kutą kratą, rzeźbiony tryptyk z początku XVI w., współczesne mu, prawdopodobnie niderlandzkie rzeźby apostołów Jakuba i Andrzeja oraz ołtarz Krzyża Świętego (1553). Witraże, ze scenami z Pisma Świętego, powstały według projektu Hanny Szczypińskiej (1972—1976).

Katedra jest miejscem wiecznego spoczynku trzech biskupów: Tomasza Wilczyńskiego (1903—1965), Józefa Drzazgi (1914—1978) i Jana Obłąka (1913—1988).

Das Innere der Kathedrale in Olsztyn, geräumig, jedoch verhältnismäßig niedrig und wegen der Mosaikfenster düster, bedecken Netz- und Zellengewölbe. Durch abwechslungsreiche Zeichnung unterscheiden sich die Gewölbe im vierten von Norden her Joch, zu dem es direkte Eingänge von außen gab (der östliche ist derzeit zugemauert).

Die Ausstattung ist in der Mehrzahl eine pseudogotische. Den Hochaltar arbeitete die nürnberger Firma Rottermund aus, drei Seitenaltäre und die hölzerne Musikempore — die Werkstatt der Brüder August und Józef Lorkowski aus Gietrzwałd (Dietrichswalde). Zu den wertvollsten Kunstwerken gehören: der spätgotische Wandtabernakel (neben dem Hochaltar), das, durch ein kunstvoll geschmiedetes Gitter geschützte, geschnitzte Triptichon aus dem Anfang des 16.Jh., die ihm zeitgenössischen, wahrscheinlich niederländischen Schnitzereien der Apostel Jakob und Andreas sowie der Altar des Heiligen Kreuzes (1533). Die Mosaikfenster mit Szenen aus der Heiligen Schrift entstanden nach dem Entwurf von Hanna Szczypińska (1972—1976).

In der Kathedrale fanden drei Bischöfe ihre ewige Ruhestätte: Tomasz Wilczyński (1903—1965), Józef Drzazga (1914—1978) und Jan Obłąk (1913—1988).

The interior of the Cathedral in Olsztyn, roomy, but comparatively low and dark because of stained-glass windows, is roofed net and cristal vaults. The vaultings in the fourth bay from the North distinguished more rich and varied drawing.

Furnishings are, in the majority, of the pseudo-Gothic architecture. The main altar was made by Rottermund's firm from Nurnberg, three side altars and wooden gallery by August and Józef Lorkowski's workshop in Gietrzwałd. The monuments of great worth are: late Gothic mural tabernacle (close to the main altar), protected by delicate wrought-iron grating, the sculptured triptych from the beginning of the 16th century, contemporary to it, probably Netherlandic St. James' and St. Andrew's statues and Holy Cross altar (1553). The stained-glass windows with the scenes from the Bible were made by Hanna Szczypińska's project (1972—1976).

The cathedral is a burial place of three bishops: Tomasz Wilczyński (1903—1965), Józef Drzazga (1914—1978) and Jan Obłąk (1913—1988).

8

W **Barczewie** na Warmii, tuż po 1364 r., osiadł konwent franciszkanów, którzy do końca XIV w. wybudowali nieduży kościół, a w jakiś czas później klasztor. Zabudowania tworzyły typowy dla tego zakonu czworobok z wewnętrznym dziedzińcem (wirydarzem); celom mieszkalnym służyło skrzydło północne. W okresie nasilonych wpływów reformacji franciszkanie opuścili klasztor, który podniósł się z upadku dopiero za rządów kardynała Andrzeja Batorego (1589—1599). Sprowadzeni przezeń bernardyni zakon ten objął ponownie świątynię w 1983 r. — odrestaurowali najpierw kościół, a za biskupa Szymona Rudnickiego (1604—1621) rozbudowali klasztor. **Kościół Św. Andrzeja Apostoła,** jednonawowy, z niższym czteroprzęsłowym chórem, w zasadniczej swej części pozostaje gotycki; sklepienia nawy i chóru: kolebkowe z lunetami, pokryte gęstą siatką żeber — pochodzą z czasów biskupa Rudnickiego. Późnobarokowa forma fasady jest wynikiem przebudowy z około 1780 r. Na północnej elewacji kościoła widoczne są łuki tarczowe gotyckiego krużganka — jedyny ślad po rozebranym w połowie XIX w. klasztorze.

W kaplicy Św. Antoniego znajduje się wspaniały pomnik nagrobny (kenotafium) Andrzeja i Baltazara Batorych z 1598 r., wykonany zapewne przez gdański warsztat Willema van den Blocke.

In Barczewo (Wartenburg) in Ermland, unmittelbar nach 1364 ließ sich der Konvent der Franziskaner nieder. Bis zum Ende des 14.Jh. erbauten sie eine kleine Kirche, danach ein Kloster. Die Gebäude bildeten ein typisches für diesen Orden Viereck mit Innenhof (Klostergarten); Wohnzwecken diente der nördliche Flügel. Als die Reformationseinflüße sich verstärkten, verließen die Franziskaner das Kloster, das sich erst zur Zeit der Herrschaft des Kardinals Andrzej Batory (1589—1599) aus dem Verfall wieder erhob. Die von ihm herbeigerufenen Bernhardinermönche — dieser Orden übernahm das Gotteshaus zum zweiten Mal 1983 — restaurierten zuerst die Kirche, dann, zu Zeiten des Bischofs Szymon Rudnicki (1604—1621), bauten sie das Kloster aus. **Die St. Andreaskirche,** einschiffig, mit niedrigerem vier Jochen Chor, ist in ihrem wesentlichen Teil gotisch; die Gewölbe über Schiff und Chor: Tonnengewölbe mit Stichkappen, mit dichtem Rippennetz überzogen — stammen aus der Zeit von Rudnicki. Die spätbarocke Fassadenform ist das Ergebnis des Umbaus, der um 1780 vorgenommen wurde. Auf der nördlichen Fassade sind Bogen des gotischen Kreuzganges zu sehen — einzige Spur des in der Hälfte des 19.Jh. abgetragenen Klosters.

In der Kapelle des hl. Antonius befindet sich ein hervorragendes Grabdenkmal für Andreas und Balthasar Batory aus dem Jahre 1598, wahrscheinlich von der danziger Werkstatt Willem van den Blocke ausgeführt.

The Franciscan Convent settled down in **Barczewo**, on Warmia, just after 1364. Till the end of the 14th century they built not large church, and some time later a cloister. The buildings formed typical for that order quadrangle with internal cloister garth, the northern wing was foreordained as habitable one. The Franciscan left the cloister when the effects of Reformation increased. The cloister rose from fall not till the cardinal Andrzej Batory's rule (1589—1599). The Bernardine monks brought by him — that order succeed the sanctuary in 1983 — first restored a church and under the bishop Szymon Rudnicki's rule (1604—1621) extended the cloister. **The St. Andrew's Apostle church,** one-nave with lower four-bay gallery, is mainly Gothic: the vaultings of nave and gallery: bartel one with lunettes are covered fine net of ribs — come from the bishop Rudnicki times. The late Baroque form of the facade is a result of reconstruction about 1780. On the north elevation of the church one can see the round arches of Gothic gallery — the only trace after pulled down cloister in the middle of the 19th century.

In St. Anthony's chapel there is Andrzej and Baltazar Batory's excellent sepulchral monument from 1598, made undoubtedly by Willem van den Blocke's workshop in Gdańsk.

10

D O M
ANDREAS BATHORI DE SOMLIO S.R.E. CAR
DINALIS EPS.VARM. STEPH.I.REG.POL.MOSCH
ORVM Q. DOMITORIS.CHRISTOPH.TRANSIL.PRIN.
EX FR. ANDR. FILIVS & HONORIA A STEPH. ET
SIGIS.III.POL. POTESS. GRATISSIQ. REGIB.
OFNAT. POL ...... VTRIVSQVE FORTVNAE
LVDIBRIA ...... MOR. SIBI FRATRIQ.
SVOCHAR ...... GALEN.SEPT.M.D.XCVII.

D O M

Sanktuarium Nawiedzenia Naj-Najświętszej Marii Panny w Świętej Lipce — pozostające od XVII w. do roku 1780 i ponownie od 1945 pod troskliwą opieką zakonu jezuitów — jest doskonałym przykładem zespołu kultowego doby późnego baroku. Składa się ono z kościoła (1687—1693, hełmy wież 1725), krużgankowego obejścia z narożnymi kaplicami (1694—1708) i domu zakonnego (1696—1698). Budowniczym kościoła, według anonimowego projektu, był mieszkający wówczas w Wilnie Tyrolczyk Jerzy Ertli (zm. 1697); dalsze prace prowadził ten sam warsztat pod kierunkiem m. in. Andrzeja Czarlińskiego i Andrzeja Burzyńskiego. Prace budowlane, a następnie przyozdabianie i wyposażanie świątyni, wspierali finansowo kolejni biskupi warmińscy i rzesze wiernych — w tym liczne znakomitości owych czasów. Dekorację kościoła i krużganków kontynuowano aż do połowy XVIII w.; wiele prac dla sanktuarium, przede wszystkim detal kamieniarski, ołtarze i inne sprzęty do wnętrza oraz najważniejsze przedmioty złotnicze — wykonywali artyści z protestanckiego Królewca. Najznakomitsze pod względem artystycznym są jednak dzieła artystów miejscowych: polichromia wnętrza kościoła, autorstwa Macieja Jana Meyera z Lidzbarka (1722—1727) i zespół czterdziestu czterech figur Rodowodu Chrystusa, wykonany przez Krzysztofa Pervangera z Tolkmicka (1744—1748).

Das Sanktuarium der Heimsuchung der Heiligen Jungfrau Maria in Święta Lipka (Heiligelinde) — vom 17.Jh. bis 1780 und seit 1945 erneut unter sorgfältiger Pflege des Jesuitenordens — ist ein ausgezeichnetes Beispiel einer Kultstätte des späten Barocks. Sie setzt sich zusammen aus der Kirche (1687—1693, Turmhelme 1725), kreuzgewölbtem Umgang, dessen vier Ecken Kapellen einnehmen (1694—1708) und dem Klostergebäude (1696—1698). Erbauer der Kirche, nach anonymen Entwurf, war der damals in Wilna lebende Tiroler Georg Ertli (gest. 1697); weitere Arbeiten wurden von derselben Werkstatt ausgeführt, unter der Aufsicht u.a. von Andrzej Czarliński und Andrzej Burzyński. Die Bauarbeiten, danach Ausschmückung und Einrichtung des Sanktuariums unterstützten finanziell die jeweiligen ermländischen Bischöfe und breite Massen der Gläubigen — darunter zahlreiche eminente Personen. Die Ausschmückung der Kirche und Kreuzgänge wurde bis zur Hälfte des 18.Jh. fortgesetzt; viele Arbeiten für das Sanktuarium, vor allem Steinmetzdetails, Altäre und andere Geräte für das Innere sowie die wichtigsten Goldschmiedearbeiten führten Künstler aus dem protestantischen Königsberg aus. Die hervorragendsten, künstlerischen Arbeiten sind jedoch Werke einheimischer Künstler: die Polychromie im Innern der Kirche wurde von Matthias Johann Meyer aus Lidzbark (Heilsberg) (1722—1727), die Gruppe von 44 Figuren der Abstammung Christi, von Christoph Pervanger aus Tolkmicko (Tolkemit) (1744—1748) ausgearbeitet.

The Our Lady Visitation Sanctuary in Święta Lipka — excellent example of late Baroque has been caring of Jesuit's order from the 17th century to 1780 and again since 1945. It consists of the church (1687—1693), the cupolas of towers (1725), the by--pass gallery with the corner chaples (1694—1708) and the religious building (1696—1698). Georg Ertli — Tyrolese (died 1697), who lived in Vilnius at that time, was a master-builder (design was anonimous). The works were continued by Andrzej Czarliński and Andrzej Burzyński. The building work and then ornamentation and furnishings were supplied with funds by the bishops of Warmia and masses of the faithful — including many notorieties of those times. Ornamentation of the church and the galleries were continued till the middle of the 18th century. The artists from protestant Königsberg performed many works at the sanctuary, first of all of stone, altars, furniture and the most important goldsmith's ones. The most remarkable, from artistic point of view, are the works of art of local artists: the polychromy of the interior of the church by Matthias Johann Meyer from Lidzbark (1722—1727) and the range of forty four Christ's descend figures performed by Christoph Pervanger from Tolkmicko (1744—1748).

Kult Matki Boskiej w Świętej Lipce istnieje co najmniej od XV w. Ze szczególną mocą odnowił się na początku XVII stulecia i później, gdy Warmię dotknęła okupacja szwedzka. Święta Lipka znajduje się już na obszarze Mazur, czyli w dawnych Prusach Książęcych. Zachowanie jej przy Kościele katolickim było zasługą Stefana Sadorskiego, sekretarza na dworze Zygmunta III Wazy, który wykupił teren wokół miejsca kultu (1618) i ostatecznie w 1639 r. przekazał na własność kapitule diecezjalnej. Jezuici z pobliskiego Reszla — na mocy układu z kapitułą — zarządzali sanktuarium i pełnili w nim posługę duszpasterską. Z czasem misja w Świętej Lipce zyskała dużą samodzielność.

Pierwszym obiektem kultu była cudowna figurka, dla której wybudowano małą kaplicę (przed 1482). Figurę ową i kaplicę zniszczyli luteranie w 1524 lub 1526 r. Drugą kaplicę, poprzedzającą bezpośrednio obecny kościół, wystawił dopiero Sadorski w r. 1619. Zamówiono do niej **obraz Matki Boskiej Śnieżnej**. Nowy obraz, według tego samego wizerunku z S. Maria Maggiore w Rzymie, namalowany w 1640 r. przez Bartłomieja Pensa — umieszczony w ołtarzu głównym kościoła — doznaje czci pod mianem Matki Boskiej Świętolipskiej.

Der Kult der Muttergottes in Święta Lipka (Heiligelinde) besteht zumindest seit dem 15.Jh. Mit besonderer Stärke erneute er sich zu Beginn des 17.Jh. und später, als Ermland von der schwedischen Besetzung heimgesucht wurde. Heiligelinde befindet sich schon im masurischen Raum, also im ehemaligen Herzoglichen Preußen. Den Fortbestand bei der katholischen Kirche verdankt Heiligelinde Stefan Sadorski, dem Sekretär am Hofe von Sigismund III. Waza, der das Terrain um die Kultstätte aufkaufte (1618) und schließlich, im Jahre 1639, dem Diözesankapitel als Eigentum übertrug. Die Jesuiten aus dem nahegelegenen Rössel — kraft des Übereinkommens mit dem Kapitel — verwalteten das Sanktuarium und übten in ihm seelsorgerische Dienste aus. Mit der Zeit erlangte Heiligelinde eine große Selbstständigkeit.

Erstes Kultobjekt war die wundertätige Figur, für die eine kleine Kapelle errichtet wurde (vor 1482). Sowohl die Figur als auch die Kapelle wurden 1524 oder 1526 von Lutheranern zerstört. Eine zweite Kapelle, die der gegenwärtigen Kirche direkt vorausging, ließ erst Sadorski im Jahre 1619 erbauen. Für dieselbe wurde ein **Muttergottesbild** in Auftrag gegeben. Einem neuen Bild, nach gleichem Ebenbild aus S. Maria Maggiore in Rom, gemalt im Jahre 1640 von Bartholomäus Pens — im Hochaltar der Kirche angebracht — wird Verehrung erwiesen unter dem Namen Muttergottes von Heiligelinde.

The Our Lady Cult in Święta Lipka has been existing at least since the 15th century; with a particular strength was renewed at the beginning of the 17th century and later when the Swedes occupied Warmia. Święta Lipka is on Mazury territory, i.e. former Ducal Prussia. Święta Lipka remained Roman catholic thanks to Stefan Sadorski, Sigismund's III Vasa Secretary, who bought up that place (1618) and in 1639 conveyed its property to diocesan chapter. The Jesuits from nearby Reszel — on the strength of an agreement with the chapter — administered the sanctuary and did ministrations. In course of time mission in Święta Lipka gained heavy self — dependence.

The first subject of cult was miraculous figure for which a small chapel was built (before 1482). That figure and chapel was destroyed by the Lutherans in 1524 or 1526. The second chapel, built before the church was erected, was raised just by Sadorski in 1619. The painting of **Santa Maria Maggiore** was ordered. The new one painted in 1640 by Bartholomeus Pens, according to the same picture of Santa Maria Maggiore in one of the churches in Rome, was fixed in the main altar of the church — has been worshiped as Our Lady Świętolipska.

14

Fara Św. Jerzego w Kętrzynie jest budowlą wyjątkową pod kilkoma względami. Początkowo był to kościół-zamek, najczystszy na terenie państwa krzyżackiego przykład architektury tego rodzaju, znanej zwłaszcza z terenów Siedmiogrodu. W obecnej postaci — nie zatraciwszy surowych cech obronnych — ukazuje ona główne walory późnogotyckiej architektury Krzyżaków, zwłaszcza doskonały warsztat budowlany; zewnętrzna strona kościoła znakomicie zachowała ślady kolejnych faz rozbudowy.

Budowę podjęto wkrótce po 1359 r., wykorzystując powstały wcześniej narożnik muru obronnego z potężną czworoboczną wieżą (obecnie wyższa wieża kościoła). Świątynia była początkowo jednonawowa, bez prezbiterium, nakryta stropem drewnianym. W pierwszej połowie XV w. wybudowano od wschodu dzwonnicę, a w ostatniej ćwierci tego stulecia kościół poszerzono od północy i przekształcono w trójnawową pseudobazylikę o pięciu przęsłach. Po pożarze w 1500 r. dobudowane zostało jeszcze krótkie, zamknięte na 5/8 prezbiterium. Mur zewnętrzny, osłaniający kościół od południa i częściowo od zachodu, pochodzi jeszcze z końca XIV stulecia.

Die St. Georg-Pfarrkirche in Kętrzyn (Rastenburg) ist aus mehrfachen Gründen ein außergewöhnlicher Bau. Anfänglich war er Kirchenburg, ein unverfälschtes Beispiel dieser Art Architektur im Ordensstaat, bekannt aus dem Gebiet von Siebenbürgen. In der gegenwärtigen Form — die strengen Verteidigunsmerkmale beibehaltend — weist die Kirche grundsätzliche Vorzüge der spätgotischen Architektur der Kreuzritter auf, insbesondere die vortreffliche Bauwerkstatt; das Äußere hat ausgezeichnet die Spuren der jeweiligen Ausbauphasen aufbewahrt.

Mit dem Bau wurde kurz nach 1359 begonnen, wobei die früher entstandene Ecke der Wehrmauer mit dem großen, viereckigen Turm (gegenwärtig der höhere Kirchturm) verwertet wurde. Das Gotteshaus war anfänglich einschiffig, ohne Presbyterium, mit Holzdecke versehen. In der ersten Hälfte des 15.Jh. wurde von östlicher Seite ein Glockenturm gestellt, im letzten Viertel des Jahrhunderts wurde die Kirche von Norden verbreitert und in eine dreischiffige Pseudobasilika mit 5 Jochen umgestaltet. Nach dem Brand im Jahre 1500 wurde noch ein kurzes, mit 5/8 Schluß Presbyterium angebaut. Die Außenmauer, welche die Kirche von Süden und teilweise Westen her schützt, stammt noch aus dem Ausgang des 14.Jh.

The St. George's parish church in Kętrzyn is in some reasons, outstanding building. At the beginning it was the church-castle, typical example of the architecture at territory of the Teutonic Order State, especially known in Transylvania. Its present appearance, not losing rule defence features, shows us the main attributes of the Teutonic Knight's Late Gothic architecture, especially excellent building skills. The traces of following stages of reconstruction one can see on the exterior walls of the church.

The building was begun just affter 1359, the corner room of defence walls with tremendous quadrilateral tower (at present higher tower of the church) was built before. At first it was one-nave, without presbytery, covered wooden ceiling. In the first half of the 15th century the belfry was built from the eastern side, and in the last quarter of that century the church was widened from nothern side and modified into three-aisled pseudo-basilica with five bays. After the fire in 1500 the short, closed in 5/8 presbytery was added. The outside wall the South and partly from the West is as far back as the end of the 14th century.

W 1515 r. mistrz Matz z Gdańska zakończył budowę pięknych **sklepień kryształowych,** przykrywających całe wnętrze, łącznie z emporą nad zakrystią. Z okazji wykonania tych sklepień ufundowano tablicę z wierszowanym tekstem, informującym o zapłacie, jaką otrzymał mistrz za dzieło, i proszącym Boga, by zachował je po wsze czasy (tablica nie istnieje).

Kościół Św. Jerzego po sekularyzacji Prus przeszedł w posiadanie luteran, którzy użytkowali go do 1945 r. W jego wnętrzu, do czasów drugiej wojny, znajdowało się wiele ciekawych zabytków sztuki (przede wszystkim epitafiów), spośród których ocalały tylko nieliczne, w tym manierystyczna ambona z 1594 r. Kilka epitafiów z tego kościoła znajduje się obecnie w zbiorach Muzeum Warmii i Mazur w Olsztynie.

Obok kościoła świętojerskiego usytuowany jest tzw. kościół polski (własność parafii ewangelicko-augsburskiej), wybudowany w 1546 r. Nazwa pochodzi od faktu, że w latach 1560—1880 odbywano w nim polskie nabożeństwa.

Im Jahre 1515 beendete Meister Matz aus Danzig den Bau der schönen **Zellengewölbe,** die das ganze Innere, zusammen mit der Empore über der Sakristei, bedecken. Aus Anlaß dieses Gewölbebaues wurde eine Tafel gestiftet mit einem in Gedichtform abgefaßten Text über den Entgelt, den der Meister für sein Werk erhielt und mit der Bitte an Gott, dieselben für ewige Zeiten zu erhalten (die Tafel existiert nicht mehr).

Die St. Georgskirche ging nach der Säkularisation Preußens in den Besitz der Lutheraner über, die sie bis 1945 benutzten. Bis zum zweiten Weltkrieg befanden sich in ihrem Innern viele interessante Kunstwerke (vor allem Epitaphs). Nur wenige davon blieben erhalten, darunter die gekünstelte Kanzel aus dem Jahre 1594. Einige Epitaphs aus dieser Kirche befinden sich gegenwärtig in den Sammlungen des Museums in Olsztyn.

Neben der St. Georgskirche steht die sogenannte polnische Kirche (Eigentum der evangelisch-augsburgischen Kirchengemeinde), erbaut im Jahre 1546. Der Name leitet sich von der Tatsache ab, daß in den Jahren 1560—1880 in ihr polnische Gottesdienste stattfanden.

In 1515 Matz, the building-master from Gdańsk, finished the works at beautiful, **crystal vaulting,** covering the whole ceiling, including gallery and sacristy. A tablet with versified text, informing of a pay which the building-master got for his work of art and asking God to preserve the vaulting for all times, was placed in the interior (the tablet has not preserved to the present day).

The Lutherans took over the Saint George's church, as the Prussia was secularized, and held it till 1945. Up to the times of the Second World War there were many interesting monuments of art (first of all epitaphs). Only some of them were saved, including the manneristic pulpit from 1594. Some of the epitaphs are nowadays in collection of the Warmia and Mazury Museum.

Near by St. George's church is so-called Polish one (the property of Evangelical Augsburg parish), built in 1546. That name was given because of Polish masses in the years 1560—1880.

18

Dzieje budowlane **kościoła Św. Jana Ewangelisty w Bartoszycach** obejmują z górą półtora wieku. Początkowo (po 1332) była to mała i niska budowla salowa, którą w trzeciej ćwierci XIV w. rozbudowano do postaci trójnawowej trójprzęsłowej bazyliki, z wydłużonym prezbiterium, zamkniętym na 5/8, oraz zakrystią i symetryczną do niej kaplicą. Od zachodu stanęła masywna czworoboczna wieża, zespolona w dolnej części — na skutek występowania po bokach dużych kaplic — z korpusem nawowym; nawy boczne, zakrystia i kaplica przy chórze otrzymały wówczas sklepienia gwiaździste czteroramienne. Na przełomie XIV i XV w. do nawy południowej dobudowano aneks mieszczący dwie płytkie kaplice (Mariacką i Św. Anny) i kruchtę wewnętrzną. Wielogwiaździste sklepienia nawy głównej, chóru, kruchty podwieżowej i połączonych z nią kaplic bocznych powstały do czasu ponownej konsekracji w 1487 r.

Warte szczególnej uwagi są płaskorzeźby świętych Małgorzaty i Katarzyny Aleksandryjskiej, w obramieniu portalu północnego. Z dawnego, niezwykle bogatego wystroju kościoła ocalała późnogotycka grupa Ukrzyżowania.

Die Geschichte **der St. Johanniskirche in Bartoszyce (Bartenstein)** umfaßt über eineinhalb Jahrhunderte. Anfänglich (nach 1332) war es ein kleiner, niedriger Bau mit einem Saal, der im dritten Viertel des 14.Jh. zu einer dreischiffigen Basilika mit drei Jochen, ausgedehntem, mit 5/8 Schluß Presbyterium, Sakristei und symmetrischer zu ihr Kapelle ausgebaut wurde. Vom Westen her wurde ein massiver, viereckiger Turm aufgestellt, der im unteren Teil — dadurch bedingt, daß an seinen Seiten große Kapellen standen — mit dem Schiffskörper verbunden war; Seitenschiffe, Sakristei und die Kapelle am Chor wurden zu der Zeit mit vierteiligen Sterngewölben versehen. Um die Wende des 14. zum 15.Jh. wurde an das Südschiff angebaut: zwei flache Kapellen (Marienkapelle und der hl. Anna) und eine innere Vorhalle. Die Sterngewölbe des Hauptschiffs, Chors und der Vorhalle unter dem Turm und der mit ihm verbundenen Seitenkapellen entstanden vor der abermaligen Weihe im Jahre 1487.

Besondere Beachtung verdienen die Flachreliefs in der Einfassung des Nordportals, mit der Darstellung der hl. Margarete und Katharina aus Alexandrien. Von der einstigen, ungewöhnlich reichen Ausschmückung der Kirche blieb die spätgotische Gruppe der Kreuzigung erhalten.

The history of building of **St. John's the Evangelist church in Bartoszyce** lasted over one and a half century. At first (after 1332) it was a small and a low building which in the third quarter of the 14th century was rebuilt as three-aisled, three-bay basilica, with lengthen, closed in 5/8 presbytery as well as sacristy and symetrical to it chapel. The massive quadrangle tower was built at the western side, united in lower part — because of large side chapels — with the nave body, aisles, sacristy and chapel close by gallery got the four-arm stellar vaulting. At the turning of the 14th and the 15th century the annexe with two shallow chapels (St. Mary's and St. Anna's) were added to the southern aisle as well as the interior porch. The many-stellar vaultings of the nave, gallery as well as the porch and united with it side chapels were completed to the final consecration in 1487.

The special attention one should pay the St. Margaret's and St. Catherine's of Alexandria reliefs in the frame of the northern portal. The only late Gothic the Crucifixion of Christ sculpture, of previous unusual rich furnishings, is left.

Sanktuarium Matki Pokoju w Stoczku Klasztornym powstało w następstwie ślubowania biskupa Mikołaja Szyszkowskiego, w podzięce za zakończenie wojny ze Szwedami. Sam biskup ufundował rotundę, główną część założenia, którą wybudowano w latach 1639——1641, i przekazał ją bernardynom z Barczewa. Murowany klasztor w Stoczku powstał w 1666 r., a powiększono go w 1717. W latach 1708—1714 kościół otoczono, na wzór Świętej Lipki, krużgankowym obejściem z kaplicami oraz dobudowano prezbiterium i wieżę. Podwyższenie budynku klasztornego, według projektu architekta Jestera z Lidzbarka, nastąpiło w 1865 r.

W szczytowym okresie rozkwitu, przypadającm na drugą ćwierć XVIII w., ośrodek pielgrzymkowy w Stoczku niewiele ustępował popularnością Świętej Lipce. Upadek ośrodka spowodowała kasata zakonów w Prusach (1810). Od 1957 r. rezydują w Stoczku księża marianie.

W latach 1953—1954 więziony był w stoczkowskim klasztorze kardynał Stefan Wyszyński. Pobytowi Prymasa Tysiąclecia poświęcone jest specjalne muzeum, umieszczone pod celą, w której przebywał.

Das Sanktuarium der Friedensmutter in Stoczek Klasztorny (Springborn) entstand infolge des Gelübdes, das Bischof Mikołaj Szyszkowski, aus Dank für die Beendigung des Krieges mit den Schweden, darbrachte. Der Bischof selbst stiftete die Rotunde, den Hauptteil der Anlage, die in den Jahren 1639—1641 errichtet wurde, und übergab sie den Bernhardinern aus Wartenburg. Das gemauerte Kloster in Springborn entstand 1666, erweitert wurde es 1717. In den Jahren 1708—1714 wurde die Kirche, nach Beispiel von Heiligelinde, mit einem kreuzgewölbtem Umgang und Kapellen umgeben, angebaut wurden Presbyterium und Turm. Die Aufstockung des Klostergebäudes, nach einem Entwurf des Architekten Jester aus Lidzbark (Heilsberg), wurde im Jahre 1865 durchgeführt.

In ihrer höchsten Entwicklungszeit, die auf das zweite Viertel des 18.Jh. fällt, war die Wallfahrtsstätte in Springborn nicht viel weniger populär als Heiligelinde. Die Kassation der Orden in Preußen (1810) führte den Verfall der Wallfahrtsstätte herbei. Seit 1957 residieren in Springborn die marianischen Priester.

In den Jahren 1953—1954 wurde in diesem Kloster Kardinal Stefan Wyszyński gefangengehalten. Ein spezielles Museum, dem Primas des Jahrtausends gewidmet, befindet sich unter der Klosterzelle, in der sich seinerzeit Kardinal Wyszyński aufhielt.

The Our Lady Mother of Peace Sanctuary in Stoczek Klasztorny was built following the bishop's Mikołaj Szyszkowski oath as the thankfulness for finishing the war against Swedes. That bishop founded the rotunda, the main part of the sanctuary, built in 1639—1641. He turned it over to the Bernardine monks from Barczewo. The monastery built of brick was erected in 1666 and enlarged in 1717. In the years 1708—1714 the church was surrounded, following Święta Lipka, by-pass gallery with chapels as well as presbytery and tower were added. The monastery building was heigtened, in accordance with architect Jester's project, in 1865. The Stoczek monastery was almost as popular as Święta Lipka among pilgrims in its full growth in the second quarter of the 18th century. The annulment of the Orders in Prussia (1810) caused its fall. The Marists have resided in Stoczek since 1957.

The Cardinal Stefan Wyszyński was prisoned in Stoczek Monastery in the years 1953—1954. There is a special museum dedicated to The Millenium Primate's stay here. The museum is under the cell where the Cardinal was prisoned.

Osobliwością zespołu architektonicznego w Stoczku jest wczesnobarokowa rotunda kościoła, której wnętrze zaprojektowane zostało z dużym wyczuciem proporcji i — pomimo niewielkich rozmiarów — umiejętnie zmonumentalizowane. Nie ma ono obecnie dawnego charakteru kościoła klasztornego, odczuwa się w nim jednak tak typowy dla bernardynów i reformatów nastrój intymności i głębokiego skupienia. W późnobarokowym **ołtarzu głównym** znajduje się **obraz Matki Boskiej Stoczkowskiej** — kopia wizerunku z S. Maria Maggiore — sprowadzony z Rzymu przez biskupa Szyszkowskiego. Wysokim poziomem artystycznym i siłą wyrazu odznaczają się reliefy Drogi Krzyżowej wykonane ze stiuku przez Krzysztofa Pervangera (1742, usytuowane na ścianach krużganków oraz jeden w refektarzu klasztornym). Sanktuarium w Stoczku to drugie po Świętej Lipce skupisko dzieł tego wybitnego artysty pochodzącego z Tyrolu. W niszach rotundy ustawione są jego dłuta figury św. Franciszka i św. Piotra z Alcantary (1744), na dziedzińcu posągi Immaculaty i św. Józefa (1752—1753), a w pobliskich kapliczkach przydrożnych — Matki Boskiej z Dzieciątkiem, św. Antoniego oraz ponownie Immaculaty i św. Franciszka (1742—1761).

Eine Sehenswürdigkeit der Stiftung in Stoczek (Springborn) ist die frühbarocke Rotunde der Kirche, deren Inneres mit großem Sinn für Proportionen entworfen und — trotz geringer Ausmaße — geschickt monumental gestaltet wurde. Sie verlor zwar ihren ursprünglichen Charakter einer Klosterkirche, aber man verspürt in ihr jedoch die, für die Bernhardiner und Reformaten so typische, intime Stimmung und tiefe Andacht. Im spätbarocken **Hochaltar** befindet sich ein Bild der **Muttergottes von Springborn,** eine Kopie des Bildes von S. Maria Maggiore, das Bischof Szyszkowski aus Rom bringen ließ. Ein hohes, künstlerisches Niveau und große Ausdruckskraft weisen die Reliefs der Kreuzwegstationen auf, eine Stuckarbeit von Christoph Pervanger (1742, auf den Wänden des Kreuzganges, eins im Refektorium). Das Sanktuarium in Springborn ist nach Heiligelinde die zweite Stätte mit Ansammlungen von Werken dieses hervorragenden Künstlers. In den Nischen der Rotunde sind von ihm angefertigte Figuren des hl. Franziskus und hl. Peters aus Alcantara (1744), auf dem Hof Statuen von Immaculata und dem hl. Joseph (1752—1753), in den nahegelegenen Wegkapellen — von Maria mit Kind, dem hl. Antonius und nochmals von Immaculata und dem hl. Franziskus (1742—1761).

The early Baroque rotunda. was designed regarding proper proportions and — and although small-sized — skilfully monumentalized. It has lost original character of monastic church one can feel there however, typical for Bernardine and Reformati Order, homely and profound concentration atmosphere. **The copy of Santa Maria Maggiore painting,** brought by bishop Szyszkowski from Rome, is placed in late **Baroque main altar.** The reliefs of the way of the Cross made of stucco by Christoph Pervanger are expressive and characterized by high artistic standard (1742, placed in the walls of the gallery and one in a refectory). The Sanctuary in Stoczek is the second one besides Święta Lipka where are the works of arts of that outstanding artist. There are the St. Francis' and St. Peter's from Alcantara (1744) figures carved by him in the niches of rotunda, Immaculata's and St. Joseph's (1752—1753) at the courtyard and Madonna's and Child, the St. Anthony's and again Immaculata's and the St. Francis' (1742—1761) in neighbouring wayside shirnes.

Z Lidzbarkiem tradycyjnie związane jest miano stolicy Warmii, ponieważ tu w latach 1350—1795 mieli swą rezydencję biskupi. Rządcy diecezji byli patronami większości kościołów warmińskich, jednakże w Lidzbarku patronat ten był realizowany najpełniej. Gotycki kościół Św. Piotra i Pawła wybudowano w drugiej połowie XIV w., zapewne od razu jako trójnawową halę bez prezbiterium — tak charakterystyczną dla architektury Warmii — i początkowo bez wieży. Wieże i boczne kaplice założono pod koniec tego stulecia, a nadbudowano w następnym. Z końca XIV w. pochodzi także zakrystia. Po pożarze w 1698 r. architekturę kościoła przekształcono w duchu baroku, ale ślady tej przebudowy zatarła regotyzacja z lat 1870—1872. Ostał się jedynie wspaniały strzelisty hełm wieży, ufundowany przez biskupa Teodora Andrzeja Potockiego (1718). Pseudogotyckie bazylikowe prezbiterium wybudowano w latach 1892—1896, według projektu architekta diecezjalnego z Paderbornu, Arnolda Guldenpfenniga.

We wnętrzu zwracają uwagę przede wszystkim wartościowe obrazy w nawach bocznych i kaplicach oraz zabytki sepulkralne, z fundacji wybitnych biskupów: Jana Dantyszka (renesansowa płyta nagrobna jego matki Krystyny, zm. 1539) i Maurycego Ferbera (płyta nagrobna Hildebranda Ferbera, zm. 1530).

Mit Lidzbark (Heilsberg) verbindet sich traditionell die Bezeichnung Hauptstadt von Ermland, da hier in den Jahren 1350—1795 die Bischöfe ihre Residenz hatten. Die Diözesenverwalter waren Schutzherren der meisten ermländischen Kirchen, jedoch in Heilsberg konnte die Schirmherrschaft besser ausgeführt werden. Die, aus der zweiten Hälfte des 14.Jh. stammende, gotische St. Peter und Paul-Pfarrkirche war gewiß sogleich als dreischiffige Halle ohne Presbyterium — so charakteristisch für die Architektur in Ermland — und anfänglich ohne Turm errichtet worden. Turm und Seitenkapellen wurden am Ausgang jenes Jahrhunderts angelegt und im kommenden aufgestockt. Aus dem Ende des 14.Jh. stammt auch die Sakristei. Nach dem Brand im Jahre 1698 wurde die Architektur der Kirche im Sinne des Barocks umgewandelt, jedoch die Spuren dieses Umbaus verwischten die Arbeiten zur Wiederherstellung der Gotik aus den Jahren 1870—1872. Allein der, von Bischof Teodor Andrzej Potocki gestiftete (1718) herliche, emporstrebende Turmhelm verblieb. Das pseudogotische, basiliale Presbyterium wurde in den Jahren 1892—1896 nach Entwurf des Diözesanarchitekten aus Paderborn, Arnold Guldenpfennig erbaut.

Im Innern sind es vor allem wertvolle Bilder in den Seitenschiffen und Kapellen, die die Aufmerksamkeit auf sich lenken, sowie sepulkrale Sehenswürdigkeiten, aus Stiftungen eminenter Bischöfe: Johannes Danticus (Renaissancegrabplatte seiner Mutter, Christine, gest. 1539) und Maurizius Ferber (Grabplatte des Hildebrand Ferber, gest. 1530).

The name of the capital of Warmia is traditionally connected with Lidzbark. The bishops had their residence, here. The rulers of the diocese were the patrons of the most Warmian churches, however in Lidzbark it could be fully performed. The Gothic St. Peter's and St. Paul's church was built in the second half of the 14th century, surely as three-aisled hall without presbytery — so characteristic for the architecture of Warmia — and at first without a tower. The tower and side chapels were built at the end of that century and heightened in the next one. The sacristy was raised at the end of the 14th century. The architecture of the church was transformed into the spirit of Baroque after the fire in 1698, but the traces of it disappeared during re-Gothic work in 1870—1872. Only magnificent, spiry tower cupola founded by the bishop Andrzej Potocki (1718) has survived. The pseudo-Gothic, basilican presbytery was built in 1892-1896 according to Arnold Guldenpfennig's, diocesan architect from Paderborn, design.

First of all precious paintings are worthy of notice in the aisles and chapels as well as sepulchral monuments endowed by distinguished bishop: Joannes Dantiscus (his mother's Krystyna, died 1539, Renaissance sepulchral slab) and Maurizius Ferber (Hildebrand Ferber's, died 1530, sepulchral slab).

W **Dobrym Mieście** biskup Herman z Pragi osadził kapitułę kolegiacką dla diecezji warmińskiej (1347), jedyną na terenach dawnego państwa krzyżackiego. Kanonicy dobromiejscy, przy wydatnej pomocy następców Hermana — Jana Stryprocka i Henryka Sorboma, do końca XIV w. wybudowali założenie architektoniczne (1396 potwierdzone istnienie wszystkich najważniejszych członów), będące formą pośrednią między klasztorem, zamkiem i zespołem katedralnym. Bardzo wyraźne były wtedy cechy obronne. W ostatniej ćwierci XV w. nadbudowano wieżę kościoła, a jego wnętrze przesklepiono. **Kościół kolegiacki,** pod wezwaniem Najświętszego Zbawiciela i Wszystkich Świętych, powtarza schemat warmińskiej, typowo mieszczańskiej hali bezchórowej, powiększony o dwa przęsła (razem jest siedem) dla wyłącznych potrzeb kapituły. Niezwykle interesujące są budynki kolegiackie, z arkadowymi krużgankami otwierającymi się na dziedziniec. W obu tych budynkach znajdowały się, początkowo jednoizbowe, mieszkania kanoników, poprzedzone maleńkimi izdebkami dla chłopców służebnych; w południowym mieścił się ponadto refektarz, a w zachodnim — biblioteka i archiwum.

In **Dobre Miasto (Guttstadt)** siedelte Bischof Herman aus Prag das Kapitel der Kollegiatkirche für die ermländische Diözese an (1347), das einzige im Gebiet des ehemaligen Ordensstaates. Die Domherren aus Guttstadt, mit beträchtlicher Unterstützung durch Hermans Nachfolger — Johann Stryprock und Heinrich Sorbom — errichteten bis zum Ende des 14.Jh. eine architektonische Anlage, Mittelform zwischen Kloster, Schloß und Kathedralkomplex. Sehr deutlich waren dazumal die Wehrmerkmale. Im letzten Viertel des 15.Jh. wurde der Kirchturm aufgebaut und sein Inneres überwölbt. **Die Kollegiatkirche** des Heilands und Aller Heiligen, wiederholt das ermländische Schema, typische bürgerliche Halle, ohne Chor, mit zwei Jochen erweitert (zusammen sind es sieben), ausschließlich für die Erfordernisse des Kapitels. Überaus interessant sind die zur Kirche gehörenden Gebäude mit den Kreuzgängen, die sich zum Hof öffnen. In beiden Gebäuden befanden sich die Wohngemächer der Domherren — anfänglich waren es Einzimmerwohnungen ihnen gingen kleine Stuben für Dienstjungen voraus. Im südlichen Gebäude war auch das Refektorium, im westlichen — Bibliothek und Archiv.

The chapter of canons for the Warmian diocese, the only on territory of former Teutonic State, was founded in **Dobre Miasto** by bishop Herman of Prague (1347). The Dobre Miasto canons, thanks Herman's successors Johann Stryprock and Heinrich Sorbom, erected the first buildings (it was confirmed in 1396). That complex was something like partly a monastery, a castle and a cathedral. The defence features were strong. Ir the last quarter of the 15th century the tower of the church was heightened and its interior arched. **The Saviour's and All Saints' church** presents the scheme of the Warmian, typical burgher's hall without gallery, with two additional bays (there are seven all together) only for use of the chapter. The collegiate church buildings, with arcaded galleries open to the courtgard are extremely interesting. There were, at the beginning, one-room canon's flats, and small domestic boy's habitable rooms. There was, moreover, the refectory in the southern building and library and archives in the western one.

W kolegiacie dobromiejskiej zachowało się kilka zabytków z okresu gotyku. Pierwsze chronologicznie miejsce zajmują stalle chórowe, których fundatorem był biskup Sorbom (1396). Liczne elementy stall gotyckich, m. in. oparcia, ścianki działowe i boczne, części zapleckówv, stopnie w kształcie rzeźbionych lwów — wykorzystano podczas przebudowy sprzętu w guście manierystycznym (1673). Deska z baldachimu, z herbami biskupa i napisem erekcyjnym, eksponowana jest w krużganku skrzydła zachodniego. W nastawie prawego ołtarza bocznego znajduje się rzeźbiony tryptyk z około 1420 r., z figurą Matki Boskiej z Dzieciątkiem oraz Kolegium Apostołów. Środkową część ołtarza Trójcy Świętej stanowi rzeźbiona grupa Tronu Łaski — przedstawiająca Boga Ojca ukazującego ukrzyżowanego Chrystusa, z drugiej dekady XVI w. Zarówno Tron Łaski, jak ostatni z tej grupy **ołtarz Św. Anny** (około 1520), wykonany niewątpliwie w Elblągu, zaliczyć trzeba do najwybitniejszych dzieł pomorskiego późnego średniowiecza.

In der Kollegiatkirche in Do-bre Miasto (Guttstadt) erhielten sich einige Kunstwerke aus der Zeit der Gotik. Chronologisch nehmen den ersten Platz die Chorgestühle ein, ihr Stifter war Bischof Sorbom (1396). Zahlreiche Teile der gotischen Gestühle, u.a. Lehnen, Zwischen- und Seitenwände, Teile von Rückenlehnen, Stufen in Form von geschnitzten Löwen wurden während des Umbaues der Geräte im Stil des Manierismus verwertet (1673). Das Brett aus dem Baldachin, mit dem Wappen des Bischofs und Stiftungsaufschrift, ist im Kreuzgang des westlichen Flügels ausgestellt. Im Aufsatz des rechten Seitenaltars ist ein geschnitztes Triptichon aus etwa dem Jahre 1420, mit der Figur der thronenden Muttergottes mit dem Kind sowie den Aposteln. Den Mittelteil des Altars der Heiligen Dreifaltigkeit bildet die geschnitzte Gruppe des gnadenstuhls — Darstellung von Gott-Vater, der auf den gekreuzigten Christus weist, aus der zweiten Dekade des 16.Jh. Sowohl der Gnadenstuhl als auch den letzten dieser Gruppe **Altar der hl. Anna** (um. 1520) — gewiß in Elbing angefertigt — muß man zu den hervorragendsten Werken des westpreußischen späten Mittelalters zählen.

There are some Gothic monuments left **in Dobre Miasto collegiate church.** Chronologically the first were choir stalls endowed by bishop Sorbom (1396). Many elements of Gothic stalls e.g.: arm-rests, divisions, sides, parts of backs, steps sculptured as lions — were used during rebuilding in manneristic style (1673). In the gallery of the western wing there is exhibited a plank of the canopy with the dishops' coats of arms and the inscription of foundation. On the vetable of the right side altar there is the triptych from about 1420 with the figure of the Madonna and Child and the College of Apostles. In the central part of the Holy Trinity altar there is the sculpture of the Throne of Grace — God the Father showing the crucified Christ from the second decade of the 16th century. Both the Throne of Grace and, the last of that range, **St. Anna's altar** (about 1520), undoubtedly carved in Elbląg are the outstanding works of the Pomeranian late Middle Ages.

Fara Św. Jana Chrzciciela w Ornecie jest najstarszym na Warmii zachowanym kościołem miejskim. Budowę jej rozpoczęto za rządów Hermana z Pragi (1338—1349), który obrał sobie ornecki zamek za siedzibę, konsekracja zaś nastąpiła w r. 1379. Tak długi okres prac budowlanych był wynikiem trudności ekonomicznych, jakie przeżywało miasto po ustaniu opieki biskupa Hermana. Na skutek specyficznych okoliczności, a być może także z woli biskupa, kościół Św. Jana otrzymał nie spotykaną gdzie indziej formę krótkiej bazyliki bezchórowej, z relatywnie potężną, wciągniętą w obręb korpusu, wieżą zachodnią. Na regułach planu zastosowanego w Ornecie oparto w latach późniejszych warmińskie kościoły halowe. Od końca XIV w. do około 1480 r. otoczono bazylikę wieńcem wysokich, szeroko otwartych do naw bocznych kaplic, które następnie nakryto — wraz z poszczególnymi przęsłami naw — systemem dachów poprzecznych, opartych od wschodu i zachodu na ścianach attykowych. Ponowną konsekrację kościoła w 1494 r. poprzedziło wybudowanie sklepień nawy głównej, o rysunku analogicznym do sklepień w Bartoszycach. Zupełnie niepowtarzalna w tej skali na całym Pomorzu jest ceramiczna dekoracja elewacji kościoła, z lat około 1390—1450.

Die St. Johannes-Pfarrkirche in Orneta (Wormditt) ist die älteste erhaltengebliebene Stadtkirche in Ermland. Mit ihrem Bau wurde zu Zeiten Hermans aus Prag (1338—1349) begonnen, der das Schloß in Wormditt zu seinem Sitz auserwählte, die Konsekration fand im Jahre 1379 statt. So eine lange Bauzeit war durch ökonomische Schwierigkeiten bedingt, welche die Stadt durchmachte, nachdem die Schirmherrschaft des Bischofs erlosch. Infolge spezifischer Umstände, vielleicht auch auf Wunsch des Bischofs, erhielt die Johanniskirche eine anderswo nicht anzutreffende Form einer kurzen, chorlosen Basilika mit verhältnismäßig mächtigem, in den Schiffskörper mit einbezogenem, westlichem Turm. Auf die Regeln des Bauplans, der in Wormditt angewandt war, stützten sich in späteren Jahren die ermländischen Hallenkirchen. Ab Ende des 14.Jh. bis etwa 1480 umgab man die Basilika mit einem Kranz hoher, zu den Seitenschiffen weit geöffneter Kapellen, die danach — zusammen mit dem jeweiligen Jochen — mit einem System von Querdächern gedeckt wurden. Von Osten und Westen stützten sich dieselben auf die Attikawände. Der erneuten Konsekration der Kirche im Jahre 1494 ging der Gewölbebau im Hauptschiff voraus. Dieselben waren in der Zeichnung übereinstimmend mit den Gewölben in Bartenstein. Ungewöhnlich in diesem Maßstab in ganz Ostpommern ist die keramische Ausschmückung der Kirchenfassade, etwa aus den Jahren 1390—1450.

The St. John's the Baptist parish church in Orneta is the oldest city church remained on Warmia. The building work began under bishop's Herman of Prague (1338—1349) rule, who chose the castle in Orneta as his seat. The church was consecrated in 1379. The building works lasted a long time because of economic difficulties when bishop Herman stopped his protection. The St. John's church was built as short basilica without gallery, what is hard to be met elsewhere, owing to specific circumstances or perhaps to bishop's will. The church has relatively huge tower at the western side, which is part of the main body. After years the Warmian hall churches were built following that example. From the end of the 14th century till about 1480 the basilica was surrounded the chain of the high, open to the aisles side chapels. They were covered, including the bays of the aisles, the roof underpinned, from the East and the West, attic walls. The vaulting in the nave had been erected when the church was consecrated again in 1494. The shape of the vaulting is the same like in Bartoszyce. The ceramic adornment of the facade of the church, from the years about 1390—1450, is unrepeatable in such a scale on the whole area of Pomerania.

32

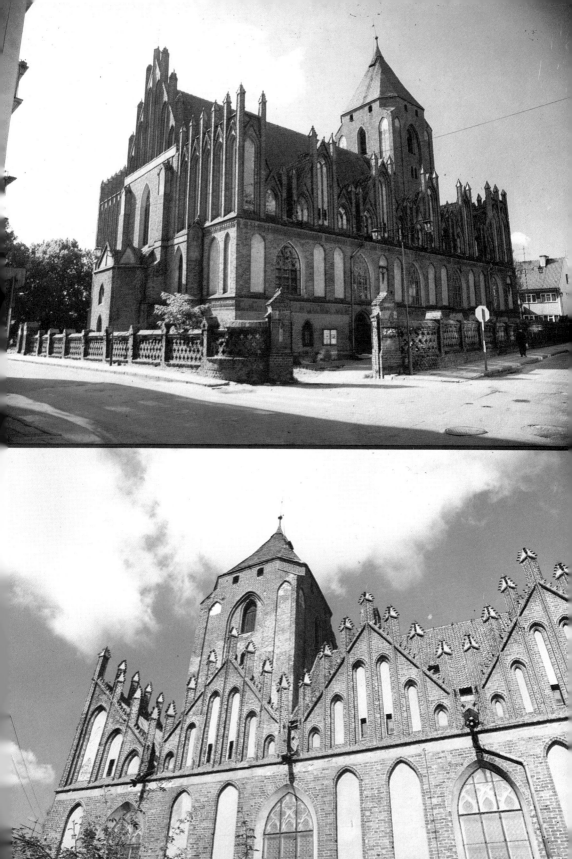

Wnętrze orneckiej fary jest wybitnym przykładem harmonijnego nawarstwiania się dekoracji i wyposażenia z kilku epok i stylów. W różnych miejscach kościoła zachowane są gotyckie malowidła ścienne (niektóre znacznie przemalowane przez niemieckich konserwatorów 1905—1906), z których najciekawsze to Koronacja Najświętszej Marii Panny (około 1380, zasłonięta ołtarzem Świętej Rodziny), Panny Mądre i Głupie (około 1420—1440), św. Anna Samotrzeć w otoczeniu świętych: Jana Ewangelisty i Jakuba Większego (czwarta ćwierć XV w.) oraz Męczeństwo św. Sebastiana (początek XVI w.); tej ostatniej scenie towarzyszą donatorzy.

W zwieńczeniu późnorenesansowej stalli ławników miejskich znajduje się, jedyny tak wczesny na Warmii, portret kardynała Stanisława Hozjusza (1570). Najliczniejszą grupę wyposażenia tworzą późnobarokowe dzieła warsztatów rzeźbiarskich: Jana Chrystiana Schmidta z Reszla (ołtarz główny i ambona, 1744), Jana Freya z Braniewa (ołtarz Świętej Rodziny 1764; figury Trzech Króli) i Krzysztofa Pervangera z Tolkmicka (**ołtarz różańcowy,** 1761; grupa Koronacji Marii, około 1750).

Das Innere der Pfarrkirche in Orneta (Wormditt) ist ein gutes Beispiel dafür, wie sich Ausschmückung und Ausstattung aus mehreren Epochen und von unterschiedlichen Stilen harmonisch aufeinander schichteten. An den verschiedensten Stellen der Kirche blieben gotische Wandmalereien erhalten (teilweise von deutschen Konservatoren 1905—1906 übermalt), zu den interessantesten zählen die Krönung der Jungfrau Maria (etwa 1380, durch den Altar der Heiligen Familie verdeckt), die Klugen und Törichten Jungfrauen (etwa 1420—1440), der hl. Anna Selbdritt, imitten von Heiligen: Johannes dem Täufer und Jakob dem Größeren (viertes Viertel des 15.Jh.) sowie Martyrium des hl. Sebastians (Beginn des 16.Jh.), in die zuletzt erwähnte Szene sind die Stifter mit aufgenommen.

In der Bekrönung der Gestühle der Stadtschöffen (aus der Spätrenaissance) befindet sich das einzige, so früh in Ermland angefertigte, Portrait von Kardinal Stanisław Hozjusz (1570). Die zahlreichste Gruppe der Ausstattung bilden spätbarocke Werke aus den Schnitzerwerkstätten von Johann Christian Schmidt aus Rössel (Hauptaltar und Kanzel 1744), von Johann Frey aus Braunsberg (Altar der Heiligen Familie, 1764, Figuren der Heiligen Drei Könige) und von Christoph Pervanger aus Tolkemit (**Rosenkranzaltar,** 1761; die Gruppe der Krönung Mariä, um 1750).

The interior of the parish church in Orneta is eminent example of harmonious building up of the adornment and furnishings of a few epoches and styles. In different places of the church remained Gothic wall paintings (partly considerably repainted by German conservators 1905—1906), the most interesting are following: the Coronation of the Virgin Mary (about 1380), covered up the Holy Family altar, the Wise and Foolish Virgins (about 1420—1440). St. Anna with St. Mary and Child surrounded with the St. John the Evangelist and The St. James the Greater (the fourth quarter of the 15th century) and Martydom of St. Sebastian (the beginning of the 16th century), there are donators in that scene as well. There is the portrait of the Cardinal Stanisław Hozjusz (1570), the only on Warmia so early painted on the finial of late-Renaissance stalls of town councillors. The greater part of the furnishings are late-Baroque master, pieces from Johann Christian Schmidt from Reszel (the main altar and the pulpit, 1744) Johann Frey from Braniewo (Holy Family's altar 1764, the figures of the figures of the Magi) and Christoph Pervanger from Tolkmicko (**Rosary altar** 1761, Coronation of the Virgin Mary, about 1750) sculpture workshops.

Kult maryjny w **Krośnie** koło Ornety, związany z odnalezieniem w rzece figurki, która zasłynęła później łaskami, zapoczątkowany został pod koniec XVI w. Obszerny **zespół pielgrzymkowy,** nawiązujący do świętolipskiego, wznoszono od 1709 r. Składa się on z kościoła NMP — wybudowanego przez zespół pod kierownictwem Jana Krzysztofa Reimersa według planów sprowadzonych z Warszawy (1715—1720) — czworoboku krużganków z narożnymi kaplicami (1726—1777) i domu księży emerytów (1722 — po 1727, obecnie plebania). Około 1760 r. fasadę kościoła pokryto rokokową dekoracją sztukatorską, w której wyróżnia się scena Nawiedzenia, umieszczona nad zewnętrznym portalem kościoła. Wykonawcą figur w niszach był zapewne Andrzej Schmidt, ze znanej rodziny rzeźbiarzy reszelskich. Galerię figur wieńczącą zachodnie ramię krużganka, ustawiono dopiero w 1845 r. (obecne rzeźby kamienne, w miejsce wcześniejszych drewnianych, wykonane zostały w latach 1927—1935).

Na dość jednorodne wyposażenie wnętrza składa się pięć ołtarzy, prospekt i empora organowa z warsztatu Krzysztofa Peuckera (1725—1729) oraz dwa mało wartościowe ołtarze z 1847 r. Kilka obrazów ołtarzowych pochodzi z pracowni Piotra Kolberga.

Der Marienkult in **Krosno (Krossen)** bei Orneta, verbunden mit der im Fluß aufgefundenen Figur, die später als Gnadenfigur berühmt wurde, nahm seinen Anfang am Ausgang des 16.Jh. Die breite **Wallfahrtsanlage,** die Heiligelinde am nächsten stehende, wurde ab 1709 errichtet. Sie bestand aus der Kirche — gebaut unter der Aufsicht von Johann Christoph Reimers nach aus Warschau herbeigebrachten Plänen (1715—1720) — einem kreuzgewölbtem Umgang, dessen Ecken Kapellen einnehmen (1726—1777) und einem Haus für pensionierte Pfarrer (1722—1727 gegenwärtig Pfarrhaus). Um das Jahr 1760 wurde die Fassade der Kirche mit Rokokostuckarbeit geschmückt, darunter zeichnet sich die Szene der Heimsuchung aus, angebracht über dem Außenportal der Kirche. Ausführender der Figuren in den Nischen war gewiß Andreas Schmidt, aus der bekannten Schnitzerfamilie in Rössel. Die Figurengruppe, die den westlichen Arm des Kreuzganges krönt, wurde erst 1845 aufgestellt (die gegenwärtigen in Stein gehauenen Figuren anstelle der früheren aus Holz, wurden in den Jahren 1927—1935 angefertigt).

Die ziemlich gleichartige Innenausstattung besteht aus fünf Altären, Prospekt und Orgelempore aus der Werkstatt des Christoph Peucker (1725—1729) sowie zwei wenig wertvollen Altären aus dem Jahre 1847. Einige Altarbilder stammen aus dem Atelier von Peter Kolberg.

The Our Lady Cult in **Krosno** near Orneta, connected with finding a figure in a river, has begun at the end of the 16th century. The figure became famous then for the grace of God. **The huge sanctuary for pilgrims,** similar to the one in Święta Lipka, was erected since 1709. It consists of: a church — built by group of workers under the leadership of Johann Christoph Reimers according to the plans brought from Warsaw (1715—1720), quadrangle of gallery with corner chapels (1726—1777) and a house for retired priests (1722—1727 — a presbytery nowadays). About 1760 the facade of the church was covered rococo stucco decoration, the Scene of the Visition over portal marks off. Surely Andreas Schmidt, from well-known family of sculptors from Reszel, was the performer of the figures in the niches. The range of figures crowning the western side of the gallery was placed as late as in 1845 (the present stone sculptures, instead of previous wooden one, were carved in the years 1927—1935).

Rather homogenous furnishings consists of five altars, organ gallery (1725—1729) from Christoph Peucker workshop and two not valuable altars from 1847. Some altar pictures are from Peter Kolberg studio

Dzieje kościoła Św. Katarzyny w Braniewie są wyjątkowo dobrze udokumentowane. Prace budowlane podjęto w r. 1343, z 1346 pochodzi wiadomość o rozpoczęciu chóru. W 1381 r. zadaszono prezbiterium i wystawiono sygnaturkę; gotowy był także wschodni szczyt kościoła. Budowę wieży przewidziano już w pierwotnym programie, jednakże podjęto ją dopiero około 1420 r. W latach czterdziestych XV w. i ponownie po pożarze w 1480 r. wzniesiono sklepienie. Ostatnim etapem budowy gotyckiego kościoła było podwyższenie wieży w 1536 r.

Jak się wydaje, farze braniewskiej chciano początkowo nadać formę pseudobazyliki, ostatecznie jednak zrealizowany został model sześcioprzęsłowej budowli halowej, z krótkim, trójbocznie zamkniętym prezbiterium — nie mający bliższego odpowiednika na całym Pomorzu Wschodnim.

Po ciężkich uszkodzeniach w 1945 r. kościół pozostawiony był w stanie ruiny; chciano go nawet zupełnie rozebrać. Odzyskany przez diecezję, w latach 1979—1986 poddany został odbudowie i częściowej rekonstrukcji. Jest jedyną budowlą braniewskiego starego miasta, którą podniesiono po zniszczeniach wojennych.

Die Geschichte der St. Katharina-Pfarrkirche in Braniewo (Braunsberg) ist außergewöhnlich gut beurkundet. Der Bau wurde 1343 in Angriff genommen, aus dem Jahre 1346 stammt die Mitteilung über den Beginn der Arbeiten am Chor. Im Jahre 1381 wurde das Presbyterium abgedacht und ein Signaturglöckchen aufgestellt; fertig war auch der Ostgiebel. Der Turmbau war schon im anfänglichen Programm vorgeschen, aber erst um 1420 wurde mit ihm begonnen. In den vierziger Jahren des 15.Jh. und erneut nach dem Brand im Jahre 1480 wurde das Innere überdeckt. In der letzten Bauphase der gotischen Kirche wurde der Turm (1536) aufgestockt.

Es scheint, daß man der Pfarrkirche in Braunsberg anfänglich die Form einer Pseudobasilika geben wollte, schließlich jedoch wurde das Modell einer Hallenkirche mit sechs Jochen und kurzem, von drei Seiten geschloßenem, Presbyterium verwirklicht — derselbe hat keine Entsprechung in ganz Ostpommern.

Nach schweren Verwüstungen im Jahre 1945 verblieb die Kirche als Ruine; man wollte sie sogar völlig abtragen. Wieder in den Besitz der Diözese gelangt, wurde sie in den Jahren 1979—1986 einem Aufbau und teilweiser Rekonstruktion unterzogen. Sie ist das einzige Bauwerk in der braunsberger Altstadt, das nach den Kriegsverwüstungen wieder aufgebaut wurde.

There are exceptionally many documents confirming the history of the St. Catherine's church in Braniewo. The building workings were general started in 1343 and at the gallery in 1346. The presbytery was roofed, ave- -bell was constructed and the eastern wall was ready — all in 1381. The tower was erected as late as about 1420 although was planned to be built sooner. The interior was roofed in the forties of the 15th century and once again after the fire in 1480. The heightened of the tower in 1536 was the last stage of building of the Gothic church.

It seems to be so that at the beginning the parish church in Braniewo was pseudo-basilica. At last it was built as six-bay hall church, with the short closed from three-sides presbytery — there is not the same building in the whole Eastern Pomerania.

After the serious damages in 1945 the church was left as a ruin. There were plans even completely to pull it down. The possession of the church was resumed by diocese and in the years 1979—1986 was rebuilt and partly reconstructed. This is the only building of the Old Town in Braniewo which was taken up after the war damages.

Po raz pierwszy *Castrum Dominae Nostrae* pojawia się na kartach historii w 1278 r. Dziesięć lat później wzmiankowana już była katedra. Budowę obecnego **kościoła katedralnego we Fromborku,** zwanego powszechnie *Ecclesia Warmiensis,* rozpoczął biskup Henryk Wogenap. W pierwszej fazie wybudowano prezbiterium (konsekracja 1342). Lata budowy korpusu nawowego nie są dokładnie określone; zakończenie całego przedsięwzięcia wyznacza rok 1388, w którym (według napisu erekcyjnego) ukończono kruchtę zachodnią katedry. Wzgórze katedralne, umocnione już w XIII w., w ciągu dwóch następnych stuleci nabrało charakteru regularnej warowni: katedrę otoczono pierścieniem murów, szczególnie potężnych od południa i zachodu, wzmocnionych szeregiem wież i baszt (m. in. „wieża Kopernika", około 1400; wieża oktogonalna, przed 1448). Wjazd, przez dobrze zabezpieczone bramy, możliwy był od południa i zachodu.

Na wzgórzu katedralnym mieściły się tzw. kanonie wewnętrzne, natomiast folwarki i właściwe kurie mieszkalne kanoników znajdowały się na płaskowyżu otaczającym wzgórze od strony lądu.

Zum ersten Mal erscheint *Castrum Dominae Nostrae* in der Geschichte im Jahre 1278. Zehn Jahre später erwähnte man auch schon die Kathedrale. Den Bau des gegenwärtigen **Doms in Frombork (Frauenburg),** allgemein *Ecclesia Warmiensis* genannt, begann Bischof Heinrich Wogenap. In der ersten Phase entstand das Presbyterium (Konsekration 1342). Die Baujahre des Schiffskörpers sind nicht genau bekannt; die Beendigung des ganzen Bauunternehmens setzt das Jahr 1388 fest, in dem (nach Stiftungsurkunde) die Westvorhalle des Doms beendet wurde. Die Domanhöhe, schon im 13.Jh. befestigt, nahm in den nächsten zwei Jahrhunderten den Charakter eines regulären Festungswerks an; der Dom wurde mit einem Mauerring umgeben, besonders mächtig waren die Mauern von Süden und Westen, durch Türme und Basteien verstärkt (u.a. „Kopernikusturm", etwa 1400; achteckiger Turm, vor 1448). Durch gut geschützte Tore war von Süden und Westen die Einfahrt möglich.

Auf der Domanhöhe befanden sich die sogenannten inneren Kanonikate, dagegen die Güter und eigentlichen Wohnsitze der Domherren waren auf dem Plateau, das die Anhöhe von Landseite aus umgab.

For the first time *Castrum Dominae Nostrae* appears on the pages of history in 1278. The cathedral was mentioned ten years later. Under bishop's Heinrich Wogenap rule the building of the present **cathedral church in Frombork,** named commonly *Ecclesia Warmiensis,* was begun. In the first stage the presbytery was built (consecration in 1342). It is not exactly fixed when the main nave was erected. The building work finished in 1388. This year (in the accordance with the inscription of foundation) the western porch was completed. The Cathedral Hill, reinforced already in the 13th century, within two next centuries became regular fortress: the cathedral was surrounded the city walls, especially massive from the South and the West. The walls were reinforced a range of gate towers (among others „The Copernicus Tower", about 1400, the Octagonal Tower, before 1448). The driving into the town, through well guarded gates, was possible from the South and the West.

There were so-called inner Canonries on the Cathedral Hill, whereas granges and real canons' habitable curias were on the tableland surrouding the hill from the land.

40

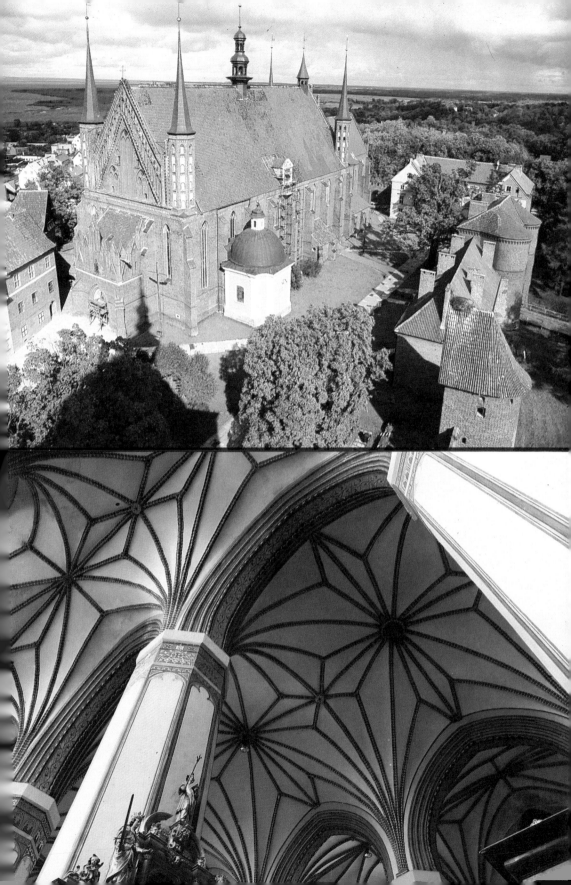

Architektura katedry from-borskiej jest zdecydowanie „niekatedralna", nawiązuje raczej do kościołów klasztornych, cysterskich i mendykanckich. Wynikało to z misyjnego charakteru świątyni, nie wykluczone jest także oddziaływanie czynników militarnych (kwestia ułatwienia obronności). Kapituła warmińska liczyła szesnaście kanonikatów, co przy braku transeptu narzuciło konieczność wydłużenia **korpusu katedry** aż do ośmiu przęseł, by zapewnić miejsce dla odpowiedniej liczby ołtarzy. Wnętrze jest jakby kwintesencją gotyckiej architektury Warmii, podporządkowanej wymogom użyteczności, rzadko zdobionej bogatszym detalem lub rzeźbą. Tym bardziej więc zachwyca kształt fasady katedralnej, zwieńczonej ażurową arkadkową galerią, o wyraźnej inspiracji architekturą Flandrii.

Innym, odosobnionym na terenie diecezji dziełem jest wewnętrzny portal zachodni, złączony w całość kompozycyjno-treściową z wnętrzem kruchty. Rzeźbiarska dekoracja portalu ilustruje ideę powszechności Kościoła i może mieć związek z misyjną funkcją katedry.

Die Architektur des Doms in Frombork (Frauenburg) ist eine ausgesprochen „nichtkathedrale", eher knüpft sie an Kloster-kirchen der Zisterzienser und Bettelmönche an. Dies ging aus der Missionsrolle des Sanktuariums hervor, nicht auszuschließen ist auch eine Einwirkung militärischer Faktoren (Verteidigungsmöglichkeiten). Das ermländische Domkapitel zählte sechzehn Kanonikate, was beim Fehlen eines Querschiffes die Notwendigkeit aufzwang, den **Körper** der Kathedrale auf acht Jochen zu verlängern, um Platz für eine entsprechende Anzahl von Altären zu verschaffen. Das Innere ist so etwas wie eine Quintessenz der gotischen Architektur Ermlands, der Nutzbarkeit untergeordnet, seltener durch ein reicheres Detail oder Schnitzerei geschmückt. Um so mehr begeistert die Form der Domfassade, durch eine durchbrochene Arkadengalerie gekrönt, deutlich von der Architektur aus Flandern inspiriert.

Ein anderes, im Raum der Diözese vereinzeltes, Werk ist das innere, mit der Vorhalle in ein Ganzes verbundenes, Westportal. Die Ausschmückung des Portals veranschaulicht die Idee von der Allgemeinheit der Kirche und kann mit der Missionsrolle des Doms in Verbindung stehen.

The architecture of the Cathedral in Frombork is emphatically „non cathedral", reminds rather the closter Cistercian churches. The reason was the mission character of the shirne, the military factors also played their role (facilities of the defences). There were sixteen members of the Warmian chapter. To have space for proper number of the altars, because of the lack of transept, there was necessity to lenghten the body of **the cathedral up** to eight bays. The interior seems to be pith and marrow of the Gothic Warmian architecture, fall into line with the principles of usefulness, rarely decorated rich elements or sculpture. The shape of the cathedral facade, surmounted open-work, arcaded gallery — admires more when is compared to the architecture of Flanders.

The other, being distinguishable at the area of diocese, master-piece is internaly western portal, forming compositional--significative picture as a whole with the interior of the porch. The decoration of the portal is illustrative of the idea of the universality of the church and can be connection with a missionary task of the cathedral.

42

We wnętrzu *Ecclesiae Warmiensis* znajdujemy kronikę niemal siedmiu wieków diecezji, bo najstarszym zabytkiem jest płyta nagrobna biskupa Henryka Fleminga (zm. 1300), jedna z ponad stu zachowanych; gdzieś w pobliżu ołtarza Krzyża Świętego (dawniej Św. Wacława) spoczywa bezimiennie pochowany Mikołaj Kopernik. Większość ołtarzy kanonickich pochodzi z drugiej i trzeciej ćwierci XVII w., kiedy to odtwarzano stan posiadania katedry po ciężkim spustoszeniu przez żołnierzy szwedzkich. Ołtarz główny, wykonany z czarnego i różowego marmuru przez kamieniarzy z Dębnika w Małopolsce, ustawiony został w 1751 r. Poprzedzający go poliptyk gotycki z fundacji biskupa Łukasza Watzenrode (1504), znajduje się obecnie w nawie północnej.

Słynne ze swego brzmienia **organy katedralne,** ufundowane wspólnie przez biskupa Michała Stefana Radziejowskiego i kapitułę, wybudował gdańszczanin Daniel Nitrowski (1683—1684), a polichromował i złocił Jerzy Piper z Lidzbarka (1685). Nie należały one do udanych instrumentów, trzeba je było przerabiać i wielokrotnie potem naprawiać. Dopiero przebudowa w 1935 r., dokonana przez znaną firmę Kempera z Lubeki, nadała organom fromborskim wybitne walory koncertowe.

Im Innern der *Ecclesiae Warmiensis* finden wir eine Chronik über fast sieben Jahrhunderte der Diözese, denn die älteste Sehenswürdigkeit ist hier die Grabtafel des Bischofs Heinrich Fleming (gest. 1300), eine von über hundert, die erhalten geblieben ist; irgendwo in der Nähe des Altars des Heiligen Kreuzes (ehemals des hl. Wenzels) ruht namenlos Nikolaus Kopernik. Die Mehrzahl der kanonischen Altäre stammt aus dem zweiten und dritten Viertel des 17.Jh., als man den Besitz des Doms, nach schweren Verwüstungen durch schwedische Krieger, rekonstruierte. Der Hochaltar, aus schwarzem und rosa Marmor vom Steinmetzer aus Dębnik in Kleinpolen angefertigt, wurde 1751 aufgestellt. Der ihm vorangegangene gotische Flügelaltar, eine Stiftung des Bischofs Lukas Watzenrode (1504), befindet sich gegenwärtig im Nordschiff.

Die durch ihren Klang berühmte **Domorgel,** gemeinsam von Bischof Michał Stefan Radziejowski und dem Domkapitel gestiftet, erbaute der aus Danzig stammende Daniel Nitrowski (1683—1684), polychromiert und vergoldet von Georg Piper aus Heilsberg (1685). Sie zählte anfangs nicht zu gut geratenen Instrumenten, man mußte sie umbauen und danach vielmals ausbessern. Erst der durch die Firma Kemper aus Lübeck vorgenommene Umbau im Jahre 1935, verlieh der Orgel in Frauenburg ausgezeichnete Konzerteigenschaften.

In the interior of *Ecclesiae Warmiensis* one can found the annals of the seven ages of diocese. The oldest monument is bishop's Heinrich Fleming (died 1300) memorial slab, one of the hundred remained, Nicolaus Copernicus was buried unnamedly somewhere near the Holy Cross altar (former the St. Vaclaus' one). Majority of the canons altars dated from the second and the third quarter of the 17th century when the interior was restored after serious devastation made by Swedish soldiers. The high altar made of black and pink marble by the stone-masons from Dębnik in Little Poland, was finished in 1751. The Gothic polyptych endowed by bishop Lukas Watzenrode (1504), previous to the mentioned above, is nowadays in the northern nave.

The cathedral organ, famous of its sound, founded together by bishop Michał Stefan Radziejowski and the chapter, were constructed by Daniel Nitrowski (1683—1684), the inhibitant of Gdańsk and Georg Piper from Lidzbark (1685) polychromed and gilded it. The organ was not good enough instrument and there was need to transform it and many times to repair. The organ in Frombork has got outstanding concert sound after the reconstruction made by well-known Kemper's firm from Lubeck in 1935.

Pasłęk otrzymał przywilej lokacyjny w 1297 r., zalicza się więc do najstarszych miast regionu. Murowany **kościół Św. Bartłomieja** — tożsamy z prezbiterium obecnej świątyni — wybudowano już na początku XIV w. W połowie tegoż stulecia założono korpus nawowy, planowany (a może nawet zrealizowany) jako trójnawowa hala o pięciu przęsłach. Współcześnie z korpusem powstała wieża dzwonna, usytuowana — zwyczajem praktykowanym na terenie Powiśla i Górnych Prus — niejako na zewnątrz, poza zwartą bryłą kościoła.

W okresie reformacji świątynię przejęli luteranie. Kilkakrotnie odnawiano niszczone przez pożary zwieńczenie wieży (ostatnio w 1752 i 1922 r.). Kruchta południowa powstała w 1566 r. Bogate, dość jednorodne stylistycznie wyposażenie wnętrza pochodzi w większości z końca XVII w. Poziomem artystycznym wyróżniają się dzieła z warsztatu Izaaka Rigi: ołtarz (1687), ambona i jeden z konfesjonałów. Organy, zbudowane w latach 1717—1719 przez Hildebranda z Gdańska, gruntownie odnowił organmistrz morąski Krzysztof Henryk Obuch (1752). Prospekt instrumentu wykonany został prawdopodobnie przez warsztat snycerski z Elbląga.

Pasłęk (Preußisch Holland) erhielt im Jahre 1297 die Handfeste zur Stadtanlage, sie zählt hiermit zu den ältesten im Gebiet. Die gemauerte **Bartholomäuskirche** — identisch mit dem Presbyterium des gegenwärtigen Sanktuariums — wurde schon zu Beginn des 14.Jh. erbaut. In der Hälfte des Jahrhunderts errichtete man den Schiffskörper, geplant (vielleicht sogar durchgeführt) als dreischiffige Halle mit fünf Jochen. Zugleich mit dem Körper entstand der Glockenturm, gestellt — nach Gepflogenheit im Weichselgebiet und Oberland — gewissermaßen nach außen, außerhalb des geschloßenen Kirchkörpers.

Während der Reformation übernahmen Lutheraner das Sanktuarium. Mehrmals wurden die durch Brände zerstörten Turmhauben erneuert (zuletzt 1752 und 1922). Die Südvorhalle ent stand 1566. Die reiche und stilistisch ziemlich einheitliche Innenausstattung stammt in der Mehrheit aus dem Ende des 17.Jh. Durch ihr künstlerisches Niveau zeichnen sich die Arbeiten aus der Werkstatt von Isaak Riga aus: Altar (1687), Kanzel und einer der Beichtstühle. Die Orgel, in den Jahren 1717—1719 von Hildebrand aus Danzig gebaut, renovierte der Orgelmeister aus Morąg (Mohrungen) Christoph Heinrich Obuch (1752). Der Prospekt des Instrumentes wurde wahrscheinlich von der Schnitzerwerkstatt aus Elbing ausgeführt.

Pasłęk, got its foundation charter in 1297, is one of the oldest town in a region. **The St. Bartholomew's church,** built of brick — identical with the presbytery of the present church — was erected already at the beginning of the 14th century. It is three-aisled hall with five bays. At the same time the bell tower was built out of the compact body of the church — according to the practices on the area of Powiśle and Upper Prussia.

In the times of Reformation the sanctuary was took over by Lutherans. The top of the tower, often burnt, was several times renovated (lately in 1752 and 1922). The southern porch was erected in 1566. The rich furnishings, rather homogenous one of its style is in majority from the end of the 17th century. From the artistic point of viev the outstanding are the ones from Izaak Riga workshop: the altar (1687), the pulpit and one of the confessionals. The organ, constructed by Hildebrand from Gdańsk in the years 1717——1719, completely renovated by Christoph Heinrich Obuch (1752), the master from Morąg. The organ case was probably made by the wood-carver's workshop from Elbląg.

46

Kościół Św. Mikołaja jest widomym dowodem historycznej świetności i potęgi **Elbląga**, a zarazem jakby symbolicznym zwierciadłem losów tego miasta. Sądzi się, że najstarsza budowla kościelna powstała już w okresie lokacji (1238), od razu w postaci murowanej. Około 1260 r., w wyniku szybkiego rozwoju miasta, podjęto gruntowną rozbudowę fary, w efekcie której powstała obszerna, lecz niska, trójnawowa pięcioprzęsłowa hala, z dwuprzęsłowym prosto zamkniętym chórem, poprzedzona od zachodu wysoką wieżą. Kształt taki uzyskała budowla w pierwszej ćwierci XIV w. Dalsze fazy rozbudowy były już tylko modyfikacją tego układu. Najpierw, do około 1380 r., podwyższono nawę główną (nadając kościołowi układ bazylikowy), poszerzono prezbiterium o nawy boczne i całą część wschodnią zrównano z korpusem; od zachodu, na wzór wielkich kościołów Meklemburgii i Pomorza Zachodniego, rozbudowany został masyw wieżowy. Najpóźniej na początku XVI w. nawy boczne korpusu podciągnięto do wysokości nawy głównej; każda nawa otrzymała osobny dach dwuspadowy. Wnętrze było już w tym czasie poszerzone o rzędy bocznych kaplic, wbudowanych między przypory.

Die St. Nikolai-Pfarrkirche ist ein deutlicher Beweis für die historische Glanzperiode und Macht von **Elbląg (Elbing)** aber zugleich auch so etwas wie ein symbolischer Spiegel des Schicksals dieser Stadt. Es wird angenommen, daß das älteste Kirchenbauwerk schon zur Zeit der Anlage der Stadt (1238) entstand, und das sofort als gemauertes. Um 1260, in Anbetracht der schnellen Entwicklung der Stadt, nahm man einen gründlichen Erweiterungsbau der Pfarrkirche vor, in dessen Folge eine große, jedoch niedrige, dreischiffige Halle mit fünf Jochen entstand, mit zwei Jochen verschloßenem Chor. Der Halle ging von Westen ein hoher Turm voraus. Diese Form erhielt das Bauwerk im ersten Viertel des 14.Jh. Die weiteren Phasen des Ausbaues waren nur noch eine Abänderung dieser Anordnung. Zuerst, bis etwa 1380, wurde das Hauptschiff erhöht (die Kirche erhielt eine basikale Anordnung), das Presbyterium durch Seitenschiffe erweitert, und der ganze Ostteil mit dem Kirchenkörper gleichgemacht; von Westen, nach Muster der großen Kirchen aus Mecklenburg und Westpommern, wurde ein Turmmassiv ausgebaut. Spätestens zu Beginn des 16.Jh. wurden die Seitenschiffe bis zur Höhe des Hauptschiffes hochgeführt; jedes Schiff hatte ein abgesondertes Giebeldach. Das Innere war zu dieser Zeit schon durch Reihen von Seitenkapellen erweitert, die zwischen Strebepfeilern eingebaut waren.

The St. Nicholas' church in Elbląg is evident proof of its historical splendour and strength and at the same time the symbolic reflection of its history. It has been believed that the oldest built of brick building was erected at the time of foundation (1238). About 1260, because of quick upgrowth of the city, the radical rebuilding of parish church was undertook. The church was changed into roomy, but low three-aisled, five-bay hall with two bay gallery and the high tower from the West in the first quarter of the 14th century. The next stages were only the modification of that shape. First up to 1380 the main have was heightened (the church became basilica in that way), the presbytery was widened — aisles were added and the whole eastern past was leveled with the body. The tower was rebuilt following the example of the large churches in Meklenburg and West Pomerania. The aisles of the body were loveled to the same height. Each nave got its own gable roof. The interior was widened with the side chapels built among buttresses.

48

Tak charakterystyczny dla sylwetki kościoła hełm wieży środkowej (obecnie pojedynczej) powstał w latach 1598—1603. Bardzo poważne uszkodzenia architektury spowodował pożar w 1777 r.: zniszczone zostały sklepienia i górne partie murów wraz z hełmem wieży, spłonęła znaczna część wyposażenia wnętrza; w trakcie odbudowy kościoła rozebrano boczne wieże masywu zachodniego. Renesansowy hełm zrekonstruowano dopiero w 1907 r. Ponownie ciężkie szkody poniósł kościół w r. 1945. Mimo to ocalało wiele bezcennych zabytków z gotyckiego wyposażenia fary, m. in. wielka figura św. Mikołaja, patrona kościoła, i rzeźby dwunastu Apostołów (wszystkie z około 1405 r.), a także pięć ołtarzy szafowych z pierwszej ćwierci XVI w., z których najcenniejszy, pochodzący z miejscowego kościoła Trzech Króli (obecnie ołtarz główny fary), nosi sygnaturę mistrza Schofstaina. **Brązowa chrzcielnica** — odlana w 1387 r. przez mistrza Bernhusera — ma na bokach czaszy sceny z życia Marii i Chrystusa: Zwiastowanie, Nawiedzenie, Narodziny Jezusa, Pokłon Trzech Króli, Ofiarowanie w świątyni, Chrzest w Jordanie i Wniebowzięcie Najświętszej Marii Panny oraz przedstawienie Św. Joachima i Anny.

Der für das Bild der Kirche so charakteristische Helm des Mittelturms (gegenwärtig einzelne) entstand in den Jahren 1598—1603. Verheerende Zerstörungen der Architektur hatte der Brand aus dem Jahre 1777 zur Folge: zerstört wurden die Gewölbe und höheren Mauernteile zusammen mit dem Turmhelm, ein bedeutender Teil der Innenausstattung verbrannte; während des Wiederaufbaues der Kirche wurden die Seitentürme des Westmassivs abgebrochen. Der Helm im Renaissancestil wurde erst 1907 rekonstruiert. Erneut schwere Schäden erlitt die Kirche im Jahre 1945. Trotzdem blieben viele Kostbarkeiten der gotischen Ausstattung der Pfarrkirche erhalten, u.a. die große Figur des hl. Nikolaus, dem Schutzherrn der Kirche, die zwölf Apostel (alle aus etwa dem Jahre 1405) sowie auch fünf Schreinaltäre aus dem ersten Viertel des 16.Jh. Der wertvollste unter ihnen, aus der Kirche der Heiligen Dreikönige (gegenwärtig Hochaltar der Pfarrkirche) trägt die Signatur des Meisters Schofstain. **Das Taufbecken aus Bronze** — 1387 von Meister Bernhuser abgegossen — hat auf den Seitenschalen Szenen aus dem Leben Mariä und Christi: Verkündigung, Heimsuchung, Christi Geburt, Ehrerbietung der hl. Drei Könige, Opferdarbringung im Tempel, Taufe im Jordan, Mariä Himmelfahrt sowie die Darstellung des hl. Joachim und Anna.

The cupola of the middle tower (single novadays), so characteristic for appearance of the church, was built in the years 1598—1603. The fire in 1777 caused very serious damages: the vaultings and higher parts of the walls, also the cupola were destroyed, the large part of furnishings were burnt. During the rebuilding work side towers were pulled down. The Renaissance cupola was reconstructed as late as in 1907. Again the serious damages were made in 1945. Although many invaluable monuments from Gothic furnishings were saved among others: the big St. Nicholas' figure, the patron of the church and the Twelve Apostles' figures (all from about 1405) and also five reredoses from the first quarter of the 16th century. The most valuable altar (nowadays the high one) from local the Magi Church has got the master Schofstain's signature. There are the scenes from the Virgin Mary's and Jesus's lives on the sides of the bowl **of the bronze baptismal font** — casted by the master Bernhuser in 1387: the Annunciation, the Visitation, the Jesus Nativity, the Adoration of the Magi, the Presentation at the Temple, the Baptism in the river Jordan, the Assumption of the Our Lady and also the Rendering of the St. Joachim and St. Anna.

Malbork w średniowieczu należał do diecezji pomezańskiej, zaś w XVII i XVIII w. podlegał kościelnemu zwierzchnictwu biskupów chełmińskich. Do diecezji warmińskiej przyłączony został dopiero w 1821 r. mocą bulli „De salute animarum".

Kościół parafialny Św. Jana Chrzciciela wybudowano pod koniec XIII w. na północnym skraju miasta, tuż pod osłoną zamku. Była to wtedy budowla — prawdopodobnie — trójnawowa, z wydłużonym prezbiterium, usytuowana poprzecznie do ulicy rynkowej. Sąsiedztwo zamku okazało się dla kościoła fatalne, ponieważ na skutek ostrzału właśnie stamtąd przez polską załogę w 1457 r. i po zniszczeniach w późniejszej fazie wojny trzynastoletniej, legł on w kompletnej ruinie. Do odbudowy przystąpiono już w 1468 r., wykorzystując prawdopodobnie częściowo dawne fundamenty. Nowej farze świętojańskiej nadano postać trójnawowej sześcioprzęsłowej hali o przysadzistych proporcjach, bez prezbiterium, z wieżą po stronie południowej. Wnętrze około 1500 r. przekryte zostało sklepieniami krzyształowymi, które jednak w większej części zawaliły się już w 1534 r. (zachowane tylko w dwóch przęsłach nawy południowej). Wkrótce potem sklepienia odbudowano, ale jako kopulaste, pokryte gęstą siatką żeber. W 1668 r. zostało rozebrane całe zachodnie przęsło kościoła (od strony Nogatu).

Malbork (Marienburg) gehörte im Mittelalter zur pomesanischen Diözese, jedoch im 17. und 18.Jh. unterstand es der kirchlichen Obrigkeit der kulmer Bischöfe. An die ermländische Diözese wurde es erst 1821 angeschloßen, anhand der Bulle „De salute animarum".

Die St. Johannes — Pfarrkirche wurde Ende des 13.Jh. am Nordrand der Stadt, in der Nähe des Schloßes, errichtet. Sie war zu der Zeit wahrscheinlich ein dreischiffiger Bau mit langgestrecktem Presbyterium, querliegend zur Straße am Markt. Die Nachbarschaft des Schloßes erwies sich für die Kirche als äußerst ungünstig. Infolge des Beschußes eben von dort durch die polnische Besatzung im Jahre 1457 und nach Zerstörungen in der späteren Phase des 13 jährigen Krieges, zerfiel die Kirche in Trümmer. Der Aufbau wurde schon 1468 vorgenommen, wahrscheinlich teilweise auf alten Fundamenten. Die neue Johanniskirche erhielt die Form einer dreischiffigen Halle von sechs Jochen, gedrungenen Größenverhältnissen, ohne Presbyterium, mit Turm von der Südseite. Das Innere wurde um 1500 mit Zellengewölbe gedeckt, das jedoch schon 1534 zum größten Teil einstürzte (nur in zwei Jochen des Südschiffes erhalten geblieben). Kurz danach errichtete man ein neues Gewölbe, aber dies schon als kuppelförmiges, mit dichtem Rippennetz. Im Jare 1668 wurde das ganze westliche Gewölbefeld der Kirche (von Seiten der Nogat) abgebrochen.

In the Middle Ages **Malbork** belonged to Pomezania diocese, while in the 17th and the 18th century was under bishops', from Chełmno, rule. The town was joined to Warmian diocese according to the "De salute animarum" bulla as late in 1821.

The St. John's the Baptist parish church was erected in the northern edge of the town, under the protection of the castle at the end of the 13th century. At those times it was probably three-aisled building with the lenghten presbytery, crosswise placed to the Market Street. The proximity of the castle was fatal for the church. The one was completely ruined because of the bombardment by Polish troops in 1457 and the next damages during the Thirteen Years War. The rebuilding workings, the old foundations undoubtedly used, began already in 1468. The new St. John's parish church was rebuilt as three-aisled, six-bay hall of squat proportions, without presbytery, with the tower at the southern side. The ceiling of the interior was covered the crystal vaulting but it broke down in majority already in 1534 (remained only in two bays of the southern nave). Soon they were reconstructed as domeshaped ones, covered fine net of ribs. In 1668 the whole western bay (from the river Nogat side) of the church was took down.

Pokatedralny kościół Św. Jana Ewangelisty w Kwidzynie jest trójnawową pięcioprzęsłową pseudobazyliką, z wysokim dwukondygnacjowym chórem poligonalnym — sprzężoną od zachodu z zamkiem kapituły. W nawie głównej i górnym chórze występują sklepienia gwiaździste ośmioramienne, zaś w nawach bocznych — trójpodporowe, zwane czasem przeskokowymi; sklepienia krypty (rekonstruowane w 1864 r.) wsparte są na czterech kolumienkach. Wnętrze chóru oddzielone jest od nawy wysokim pseudogotyckim lektorium. Nad prezbiterium i nawami bocznymi poprowadzone zostały ganki obronne, w części zachodniej komunikujące się pierwotnie z zamkiem, a od wschodu dostępne z ośmiobocznych wieżyczek schodowych, wybudowanych na narożach korpusu. Dominantą bryły założenia katedralnego jest wieża dzwonna, występująca na zetknięciu kościoła z zamkiem po stronie południowej.

W południowej kaplicy przy prezbiterium przebywała przez ostatni rok swego życia błogosławiona Dorota z Mątowów (1347—1394), mistyczka i wizjonerka, której spowiednikiem był wybitny teolog Jan z Kwidzyna. Kult bł. Doroty, zapoczątkowany już za jej życia, potwierdzony został dekretem kongregacji plenarnej kardynałów w 1976 r.

Die ehemalige St. Johannes-Domkirche in Kwidzyn (Marienwerder) ist eine dreischiffige Pseudobasilika mit fünf Jochen, hohem, zweistöckigem Chor — von Westen mit dem Schloß des Domkapitels gekuppelt. Im Hauptschiff und oberen Chor sind achtteilige Sterngewölbe, in den Seitenschiffen dagegen wird das Gewölbe durch Dreieckstützen gebildet, manchmal auch Überschlaggewölbe genannt. Das Gewölbe der Krypta (1864 rekonstruiert) ruht auf vier Pfosten. Das Chorinnere ist vom Schiff durch ein hohes, pseudogotisches Lettner abgesondert. Über Presbyterium und Seitenschiffen führen Wehrgänge, die im westlichen Teil ursprünglich mit dem Schloß Verbindung hatten, von Osten her zugängig aus achtseitigen Treppentürmchen. Vorherrschendes Merkmal des Baukörpers ist der Glockenturm an der Südseite, wo Kirche und Schloß zusammenstossen.

In der südlichen Kapelle am Presbyterium verbrachte die gebenedeite Dorothea aus Montau (1347—1394) ihr letztes Lebensjahr. Beichtvater der Mystikerin und Seherin war der berühmte Theologe Johannes aus Marienwerder. Der Kult der gebenedeiten Dorothea, schon zu ihren Lebzeiten angebahnt, wurde durch das Dekret der Kardinals-Kongregation vom Jahre 1976 bestätigt.

Former the St. John's the Evangelist church in Kwidzyn is three-aisled, five-bay pseudo-basilica, with the high, two storey polygonal gallery — connected with the chapter castle from the west. There are: stellar eight-arm vaulting, in the nave, while in the aisles — tripartite one. The vaulting in the crypt (reconstructed in 1864) is supported four columns. In the interior at the gallery is separated off from the nave the high, pseudo-Gothic reading room. There are, over the presbytery and the aisles, defence galleries, at first connected with the castle and accessible from the East from octohedral pinnacle, built in the corrners. The bell tower erected at the joint of the church and the castle dominates over the building.

The blessed Dorota from Mątowy (1347—1394) a mystic and a visionary whose confessor Johannes from Kwidzyn was eminent theologian lived the last year of her life in the southern chapel near presbytery. The blessed Dorota's cult has begun in her lifetime, was confirmed by the decree of Cardinals' Plenary Congregation in 1976.

Wybór Kwidzyna na stolicę diecezji pomezańskiej nastąpił w 1254 r. Biskupi aż do XVI w. mieli rezydencję w dawnym zamku krzyżackim, położonym poza obrębem miasta *(castrum parvum Quidin)*. W 1285 r. biskup Albert utworzył w Kwidzynie kapitułę, a miejscową farę podniósł do godności katedry. Kapituła pomezańska podporządkowana była surowej regule krzyżackiej, z tego też względu siedziba kanoników otrzymała postać czteroskrzydłowego zamku (około 1320—1345), o bryle i rozplanowaniu wnętrz ściśle wzorowanym na komturskich zamkach zakonu. Budowę murowanej katedry rozpoczęto od części wschodniej, zapewne równocześnie z zamkiem (w 1330 było już użytkowane prezbiterium). Po 1343 r. nastąpiła jednak zmiana koncepcji w związku z decyzją o przekształceniu chóru na mauzoleum biskupów oraz inkastelacją całej budowli.

Po sekularyzacji biskupstwa dawny kościół katedralny objęli protestanci, w rękach których pozostawał on do 1945 r. Szacunek dla rodzimych dziejów sprawił jednak, że przetrwało kilka zabytków związanych z katedralną funkcją świątyni, jak zespół malowideł ściennych — a wśród nich poczet biskupów (około 1501—1521) i gotycki tron biskupi. Nad kruchtą południową lśni mocnymi kolorami **mozaika ze sceną Męczeństwa św. Jana** i biskupem-fundatorem, zapewne Janem Mönchem (1380).

Die Wahl von Kwidzyn (Marienwerder) zum Sitz des pomesanischen Bistums wurde 1254 getroffen. Bis zum 16.Jh. hatten die Bischöfe ihre Residenz im ehemaligen, außerhalb der Stadt gelegenen, Ordensschloß *(castrum parvum Quidin)*. 1285 gründete Bischof Albert in Marienwerder das Domkapitel, und die Pfarrkirche am Ort erhob er zur Würde einer Kathedrale. Das pomesanische Domkapitel war der strengen Ordensregel unterstellt, aus diesem Grunde auch erhielt der Sitz der Domherren (um 1320—1345) die Form eines vierflügeligen Schloßes, Baukörper und innere Einteilung waren genau den Komturschlößern des Ordens nachgebildet. Den Ziegelbau der Domkirche begann man von der Ostseite, gewiß auch gleichzeitig mit dem Schloß (1330 wurde schon das Presbyterium genutzt). Nach 1343 wurde jedoch der Plan abgeändert im Zusammenhang mit dem Entschluß, den Chor zu einem Mausoleum der Bischöfe und den Bau zu einer Befestigung umzugestalten.

Nach der Säkularisation des Bistums wurde die Domkirche von Protestanten übernommen, in ihrem Besitz verblieb sie bis 1945. Ehrfurcht für die Vergangenheit bewirkte, daß einige mit der kathedralen Rolle des Sanktuariums verbundene Kunstwerke sich erhielten, wie z.B. die Gruppe der Wandmalereien — darunter die Reihe der Bischöfe (um 1501—1521) und die gotische Bischofsstuhl. Über der südlichen Vorhalle glänzt in vielen Farben ein **Mosaik mit der Szene des Märtyrertums des hl. Johannes** und dem Stifter, gewiß Bischof Jan Mönch (1380).

Kwidzyn was chosen as the capital of Pomerania diocese in 1254. The bishops had their residence in former Teutonic castle, situated beyond the area of the city *(castrum parvum Quidin)*. In 1285 the bishop Albert formed the chapter in Kwidzyn and the parish church got the dignity of the cathedral. The Pomeranian chapter was subordinated to the strict Teutonic rule. That was why the seat of the canons (about 1320—1345) got four-wing castle shape, the interior strictly followed the one of the commanders' of the Order Teutonic Knights castles. The building of the cathedral started from the eastern part, surely together with the castle (in 1330 a presbytery was already used). After 1343 the design was changed because the gallery was changed to a bishops' mausoleum and the building was given the shapes of the castle.

After the secularization of bioshopric the former Cathedral church was took over by the protestants, who kept it in their hands up to 1945. The respect to home history was the reason that some monuments connected with former cathedral church survived, for example: the wall paintings, including body of the bishops (about 1501—1521) and Gothic bishop's throne. The inlay with **the scene of the St. John's martyrdom** and a bishop-donator, surely Jan Moench (1380) shines bright colours over the southern porch.

56

Również **Morąg** znajdował się dawniej w granicach diecezji pomezańskiej. W okresie reformacji parafia morąska odpadła od Kościoła katolickiego. Gotycką **farę Św. Piotra i Pawła** katolicy objęli ponownie dopiero w 1945 r.

Pierwszy kościół: salowy, o zasięgu obecnej nawy głównej, powstał jeszcze przed odnowieniem lokacji miasta w 1331 r. W latach czterdziestych XIV w. dobudowano do niego — od razu z wykonaniem sklepień — krótkie, zamknięte na 5/8 prezbiterium oraz wieżę, mieszczącą w przyziemiu zakrystię. Już wtedy planowano wzniesienie korpusu nawowego, który — w układzie trójnawowej i trójprzęsłowej pseudobazyliki — został ostatecznie wybudowany w trzeciej ćwierci stulecia. Ściany wieży były w tym czasie zwieńczone blankowaniem. Tuż po 1505 r. mistrz Matz zasklepił nawy boczne.

Kościół aż do XVIII w. pozostawał pod patronatem możnego rodu Dohnów, co znalazło wyraz w artystycznej jakości głównych elementów wyposażenia, m. in. ołtarza (snycerz Gellert z Norymbergi, około 1690) i baptysterium (około 1680; po 1945 przebudowane na ławy przyścienne). Jedynym w swoim rodzaju zabytkiem jest ogromny krucyfiks z końca XIV w., umieszczony na ścianie prezbiterium. W części chórowej odsłonięto w latach 1930—31 wyjątkowo bogaty zespół polichromii figuralnych z trzeciej ćwierci XV w.

Auch **Morąg (Mohrungen)** befand sich derzeit in den Grenzen der pomesanischen Diözese. Während der Reformation fiel das Kirchspiel in Mohrungen von der katholischen Kirche ab. Die gotische **St. Peter und Paul--Pfarrkirche** übernahm die katholische Kirche erneut erst 1945.

Die erste Kirche: ein Saalbau mit Reichweite des gegenwärtigen Hauptschiffes, entstand noch vor Erneuerung der Anlage der Stadt von 1331. In den vierziger Jahren des 14.Jh. baute man — zugleich mit Gewölben — ein kurzes, in 5/8 geschloßenes Presbyterium an sowie auch Turm, in dessen Erdgeschoß sich die Sakristei befand. Schon zu der Zeit plante man, den Schiffskörper zu errichten, der — dreischiffige Pseudobasilika mit drei Jochen — schließlich im dritten Viertel des Jahrhunderts erbaut wurde. Die Turmwände hatten dazumal Zinnenkrönung. Nach 1505 verwölbte Meister Matz die Seitenschiffe.

Bis zum 18.Jh. verblieb die Kirche unter der Schutzherrschaft der einflußreichen Familie Dohna, was in der künstlerischen Qualität der Ausstattung seinen Ausdruck fand, u.a. des Altars (Holzbildhauer Gellert aus Nürnberg, um 1690) und Baptisterium (um 1680; nach 1945 zu Wandbänken umgebaut). Ein einmaliges in seiner Art Kunstwerk ist das gewaltige Kruzifix aus dem Ende des 14.Jh., an der Wand des Presbyteriums angebracht. Im Chorteil wurde eine außergewöhnlich reiche Figurenpolychromie aus dem dritten Viertel des 15.Jh. freigelegt.

Also **Morąg** was in the past within the boundaries of the Pomezanian diocese. In time of Reformation the parish in Morąg left the Roman Catholic Church. **The St. Peter's and St. Paul's Gothic parish churches** were took over again by the Catholics in 1945.

The first hall church, of the extension of the present main nave, was built before the foundation of the city, was renewed in 1331. In the forties of the 14th century the short, closed in 5/8 presbytery was added as well as tower with a sacristy at the ground-floor. Lately in the third quarter of the 14th century the pseudo-basilica three-aisled, three-bay was built. The walls of the tower were surmounted a battlement. Just after 1505 the master Matz sealed up the aisles.

Up to the 18th century the church was under the auspices of the Dohna family and that is way the furnishings are so valuable: among others the altar (the wood-carver Gellert from Nurnberg, about 1690) and the baptisery (about 1680, after 1945 the wall benches were added). The only monument of its kind is huge crucifix from the end of the 14th century placed on wall of the presbytery. In the gallery exceptional rich figural polichromy from the third quarter of the 15th century was uncovered.

Sława **Gietrzwałdu** jako **sanktuarium maryjnego** sięga daleko poza Warmię. Kult Najświętszej Marii Panny, od czasu objawień w 1877 r., rozwija się bardzo żywo i corocznie ściąga rzesze pielgrzymów. Rozbudowę ciasnego gotyckiego kościoła (konsekrowany w 1500 r.) podjęto już w rok po objawieniach a zakończono w 1884 r. Autor projektu, Arnold Guldenpfennig z Paderbornu — umiejętnie włączając w rozbudowany obiekt prawie w całości budowlę gotycką — nadał świątyni wręcz „klasyczną" późnoromańską bryłę, opartą na planie krzyża łacińskiego, z trójapsydialną częścią chórową. Ukształtowanie elewacji i wnętrza kościoła ma już charakter gotycki, wynikający niejako z miejscowej tradycji. W guście gotyckim utrzymana jest także polichromia wnętrza, autorstwa Justusa Bornowskiego z Elbląga (1898), witraże oraz niemal całe wyposażenie, w tym ołtarze, chór muzyczny i prospekt organowy z gietrzwałdzkiego warsztatu Lorkowskich (1866— około 1890).

W miejscu klonu, na którym nastąpiły objawienia, znajduje się kapliczka neogotycka. Od kościoła do błogosławionego źródełka prowadzi, wysadzana grabami, Aleja Różańcowa.

Der Ruhm von **Gietrzwałd (Dietrichswalde) als Mariensanktuarium** reicht weit über Ermland hinaus. Der Kult der Heiligen Jungfrau Maria, seit der Offenbarung im Jahre 1877, entwickelt sich sehr lebendig und zieht jährlich große Pilgerscharen an. Der Ausbau der engen, gotischen Kirche (1500 konsekriert) wurde schon ein Jahr nach der Offenbarung vorgenommen und 1884 beendet. Der Verfasser des Entwurfs, Arnold Guldenpfennig aus Paderborn — den gotischen Bau fast im Ganzen geschickt einfügend — gab dem Sanktuarium eine geradezu „klassische", spätromanische Form, auf dem Grundriß des lateinischen Kreuzes, mit dreiapsidalem Chorteil. Fassade und Inneres der Kirche trägt schon gotischen Charakter, was gewissermaßen aus der lokalen Tradition hervorgeht. In gotischem Geschmack ist auch die Innenpolychromie gehalten, ausgeführt von Justus Bornowski aus Elbing (1898), Mosaikfenster sowie fast die ganze Ausstattung, darunter Altäre, Chor und Orgelprospekt stammen aus der Lorkowski-Werkstatt in Dietrichswalde (1866 — um 1890).

An der Stelle des Ahorns, wo die Offenbarung sich vollzog, befindet sich eine neogotische Wegkapelle. Von der Kirche aus führt die mit Hainbuchen bepflanzte **Rosenkranzallee** zur Quelle.

The fame of **Gietrzwałd as Our Lady Sanctuary** goes far beyond the boundaries of Warmia. The Cult of Our Lady from the Revelation in 1877, has spread out and numerous masses of pilgrims have arrive here every year. The rebuilding of the close Gothic church was started just a year after the Revelation and was finished in 1884. The designer Arnold Guldenpfennig from Paderborn, competently — including the former Gothic building — shaped the Sanctuary as late Romanesque building based on the plan of Latin Cross with three-aisled gallery. The facade and interior are Gothic — according to the local tradition. The same style have: the polychromy of the interior, the author Justus Bornowski from Elbląg (1898), the stained-glasses and almost whole furnishings including altars, gallery and organ case from Lorkowscy's workshop in Gietrzwałd (1866 — about 1890).

The neo-Gothic Chapel is at the place of maple-tree where the Revelation happened. The Rosary lane planted hardbeams leads from the church to the springlet.

60

Obraz Matki Boskiej Gietrzwałdzkiej, znajdujący się w głównym ołtarzu kościoła, został namalowany zapewne w połowie XVI w. (wymieniają go akta wizytacyjne z 1583 r.) — zdaniem Adama Bochnaka — przez malarza poznańskiego. Wizerunek należy do typu Hodegetrii (Przewodniczki), gdzie Maria trzyma błogosławiące Dzieciątko. Anioły z banderolą, występujące w górnej części obrazu, oraz dekoracyjne złociste tło — wywodzą się z tradycji malarstwa gotyckiego. Srebrne, niejednolite sukienki Marii i Dzieciątka są dziełem Jana Krzysztofa Geesego z Olsztyna (po 1721—1734). Wymienić jeszcze należy, przechowywaną w sanktuarium, wysokiej klasy rzeźbę Opłakiwania (Pietá) z około 1425 r., która jest jednym z niewielu zachowanych na Warmii dzieł tzw. stylu Pięknych Madonn.

Na cmentarzu parafialnym znajduje się grób księdza Augustyna Weichsla (zm. 1909), proboszcza gietrzwałdzkiego w czasie objawień i duchownego opiekuna wizjonerek. Położył on wielkie zasługi dla rozbudowy kościoła, sam był fundatorem czterech ołtarzy i zapewne inspirował ikonografię wystroju malarskiego. Od 1947 r. opiekunami sanktuarium są kanonicy regularni laterneńscy.

Das Bild der Muttergottes von Gietrzwałd (Dietrichswalde), das sich im Hochaltar der Kirche befindet, wurde gewiß in der Hälfte des 16.Jh. (Besichtigungsurkunde aus dem Jahre 1583 erwähnt es) — nach Auffassung von Adam Bochnak — von einem Maler aus Poznań (Posen) gemalt. Das Bildnis gehört zum Typus Hodegetria (Beschützerin), Maria hält das den Segen erteilende Kind. Die Engel mit dem Spruchband im oberen Bildteil sowie der schmückende, goldene Hintergrund, leiten sich von der Tradition der gotischen Malerei ab. Die Silberkleider Mariä und des Kindes sind das Werk von Johann Christoph Geese aus Olsztyn (Allenstein) (nach 1721—1734). Erwähnt werden muß auch die im Sanktuarium aufbewahrte Schnitzerei des „Beklagen" (Pietá), etwa aus dem Jahre 1425. Das Werk hat ein großes Niveau. Es ist dies eins der wenigen Werke im Stil der Schönen Madonnen, das in Ermland erhalten blieb.

Auf dem zur Pfarrei gehörenden Friedhof befindet sich das Grab von Augustyn Weichsel (gest. 1909), der zur Zeit der Offenbarung Pfarrer in Dietrichswalde und Seelsorger der Seherinnen war. Er hatte sich große Verdienste für den Ausbau der Kirche erworben, selbst stiftete er vier Altäre und gewiß veranlaßte er auch die Ikonographie der malerischen Ausschmückung, Seit 1947 nehmen sich die regulären lateranischen Kanoniker des Sanktuariums an.

The Our Lady of Gietrzwałd painting, placed in the high altar of the church, was painted surely in the middle of the 16th century (the acts of inspection mentioned it in 1583) by the painter from Poznań in the opinion of Adam Bochnak. The picture belongs to the type Hodegetria (Guide) where the Virgin Mary holds the Blessing Child. The Angels with the banderole from higher part of the picture and decoratively, in golden colour background are from the Gothic tradition. The silver, not the same Our Lady and Child's dresses are Johann Christoph Geese's from Olsztyn master-pieces (up to 1721—1734).

Also one should mentioned the Pieta sculpture of the high class, from about 1425, which is one from not many remained on Warmia so-called Beautiful Madonnas style sculptures.

There is the grave of the priest Augustyn Weichsel (died 1909) at the courtyand. In time of the Revelation he was a parishpriest and a patron of the visionary girls. He had a share in the rebuilding the sanctuary, founded four altars and surely inspired the iconography of the paintings. Since 1947 the Lateran canons regular have been the guardians of the Sanctuary.

AVE REGINA CÆLORVM.

Spis treści

Zakłady Graficzne im. KEN w Bydgoszczy. Zam. 36/91